장미의 은하

장미의 은하

박춘석 시집

시인의 말

최초의 땅에 시베리아가 자랐고
남극 최극단의 바람이
눈꽃의 꽃술을 터트렸다.
감옥을 지을 때와 겨울을 지을 때
같은 벽돌을 사용한다.
감옥과 시베리아는 다른 모습의 같은 곳이다.
벽돌과 벽돌 사이에 같은 어둠과
광활한 평원을 사용하기 때문이다.
나는 여행객에 불과했다.
내가 그곳을 떠날 때쯤 시베리아는
얼어 있던 해가 녹고
음악이 흘러 다녀서 시베리아답지 않았다.

2021년 가을

박춘석

차 례

제2부 카프카의 나무

제3부 무정부의 나날

제4부 여름에 있지 않다

제1부

장미의 은하

내재적 평면*

나는 저쪽, 계절 반대쪽에서 왔다 내가 살았던 지하창고는 측량할 수 없이 깊었고 헤아릴 수 없는 날을 계단을 올랐다 평면은 계단 맨 위쪽, 햇살이 편편하게 내리는 곳에 있었다 나선형 계단이었다 계단을 타고 오르다 어둠에 발소리를 묻으며 쉬기도 했다 빛이 없는 곳일수록 나의 모양은 단단했고 먼지처럼 작은 입자도 흩어지지 않았다

지하와 계단이 숨겨진 이면처럼 고요히 따라왔다 같은 공간을 빙글빙글 돌며 시간이 흐르는 듯했다 창문 가까이 왔을 때 체에서 빛이 뿜어져 나왔다 아침에 눈을 뜨면 그 빛을 따라 온전한 체를 가진 사람을 찾아 나섰다

계단을 한참 오르다 보니 창문이 보이고 바깥 빛이 몇 줄기 창을 뚫고 들어왔다 계단에 놓인 화분이 모양을 바꾸기 시작했다

측량되지 않는 어두운 지하는 앞장서 걷고 나란히 걷고 뒤따라 걷고 다시 앞장서 걷고 체가 선명하면 동시에 그림

자가 피었다 해가 떠서 내 얼굴 반쪽이 보일 때쯤 지하는 어머니처럼 반쪽 얼굴 위에 이불을 덮어주었다 이불에서 익숙한 냄새를 맡고 마비된 듯 잠이 들었다

계단이 넓어지고 밝아져서 평평하게 변해갈 즈음 바깥으로 나가는 문이 나타났다 '나'의 긴 행렬이 지구의 계절로 들어갔다 발아래 한 마리 새가 날개짓을 치며 날아올랐다

삶은 평면 위에서만 빛났다

계단을 타고 올라서서야 나는 식물과 동물과 사람이 되었다

마주 앉은 사람이 코를 킁킁거리며 지하를 여기까지 데려왔느냐고 물었다 나는 진지한 사람 얼굴을 벗고 약간의 유머가 섞인 얼굴로 아주 긴 지하 계단과 평지 위, 여러 사물을 통과해온 시간을 파도처럼 밀어내며 햇볕과 햇볕의 이면처럼 웃었다

* 스피노자의 철학적 개념.

나무에서 꽃까지

봄을 따라나섰다 가는 동안 두려워하지 않았다 다시 돌아가는 길을 잃지 않기 위해 하얀 조약돌을 던져두지 않았다 가는 길에 벚꽃이 피고 있는 것을 보았다

어떤 값을 치르기 위해 한곳에 오래 살았다 이제 겨우 그곳을 빈틈없이 살고 떠난다 어둠 한 조각까지

나무는 스스로 봄이며 스스로 경계를 허물고 스스로 꽃에 휩싸였다 상승곡선을 그리며 가팔랐다

떠나오면서 내가 그곳에 등을 보였는지 한참 생각해 보았다

꽃의 물질성을 가진 나무, 무슨 수로 꽃을 거절할까

여기는 모든 세상을 펼쳐놓은 곳 같다 모든 세상을 허공에 올려놓은 곳 같다 곧 모든 세상이 쏟아질 것 같다

꽃이 이성으로 필 수 있는가에 대해 묻고 싶었다 나무 속에 있어도 '생'이었다면 그때를 전생이라 부르겠다

막 몇 송이 꽃을 가두었던 나를 떠나왔다 막 몇 마리 짐승을 가두었던 나를 떠나왔다 막 내가 누구인지를 물으며 헤매던 나를 떠나왔다 막 수십 종의 꽃을 키우던 나를 떠나왔다 내가 지금 어디에 있는지 방위를 살피고 있다

나무 속 신성한 곳 '성'이 머무는 곳

나무는 어떤 이끌림으로 겨울을 떠날까 '속'의 기운이 가득한 해 아래 서 있는 나무 허공의 물질과 땅의 물질이 섞여 있는 나무

현재 위치 14도 현재 위치 9도 현재 위치 5도 사라지고 있는 허공

왜 이리 허공은 위태롭고 땅은 어두운지

집을 나오면서부터 집으로 돌아가고 있었다 집으로 돌아가기 위해 집을 나오는 이상한 동그란 길

장미의 은하 1

허공에서 땅으로 향해가는, 방향이 전도된 꽃씨가 있었다 중력이 작아서 내려앉았다 일어서는 먼지들

태양의 둘레를 돌아서 원천으로 돌아가는 지구의 뒤를 따라갔다 꽃씨는 땅으로 처음이었던 곳으로 돌아가고 있었다

투명한 공기의 아이와 공기의 엄마가 있었다 두 사람의 행동은 공기 속을 빠져나가는 일이었다 공기는 소라고둥의 나선형으로 이루어져 있어서 바깥은 작고 안은 끝없는 소용돌이였다 때로는 공기의 무중력에 떠다녔고 공기의 압력에 자주 넘어졌다 햇살은 호명해야 할 이름이 많았으므로 여러 차례 그들의 이름을 빠트렸다 아이와 엄마는 여러 번 꽃을 향해 가던 길을 멈추고 공기로 되돌아와 변이과정을 되풀이했다 아이와 엄마는 수를 헤아릴 수 없이 많아졌다 공기의 입자가 면이 아니라 점이라는 사실에서 그랬다

어디서부터 비롯된 걸음인지 알 길이 없었다 걸음은 딛고 나면 사라져서 다시 찾을 수가 없었다 공기 속에 발자국

만 미립자로 떠돌았다

아이와 엄마는 변이를 거듭하여 모인 한 사람이었다 발소리이며 햇살이며 비와 바람이며 물상이 잠든 겨울이며

공기는 깊은 평면이며 둥근 구멍이었으므로 공기로 되돌아온 아이와 공기의 몸으로 아이를 안아주던 엄마가 끝없이 되풀이되었다 엄마가 아이를 안을 때 서로 스며서 커다란 하나가 되어갔다

수천억 개의 은하의 둘레를 돌아

요양병원 창문에는 체념한 별들이 반짝이고 있었다 그 별 안으로 들어갈까도 생각했지만 해가 뜨면 한없는 희망이

어떤 목적이 있었던 건 아니었다 그냥 그렇게 되는 것이었다

땅에 발자국이 선명하게 찍히고 신발이 떨어져서 버릴 때쯤 발바닥에 솜털 같은 뿌리들이 가득했다

공기는 꽃씨와 함께 땅속에 심겨지고 땅속은 첫걸음을 위해 허공을 도모했다

수많은 미립자들이 점과 선을 이루며 띠를 형성하여 중력을 키워온 숲에서 한 사람, 두 사람…… 차례로 나타났다

장미의 은하 2

'같은 곳에서 같은 사람으로 사는구나.'

그는 나를 갇혀 있는 사람이라고 했다 다른 사람이 될 수 없어 같은 사람을 살았다 먼 곳을 한 발자국으로 갈 수는 없었다

자신을 살아야 했으므로 장미에 민들레를 섞어 넣을 수는 없었다 장미의 성분이라면 6월이라든가 나선형 꽃잎이라든가 같은 곳을 살아야 가능한 것이었다 장미를 향해 가는 동안 공원에 소풍도 가고 탈춤 추는 놀이도 보고 사랑도 했다 고요한 바람의 눈쯤이랄까 나선형의 속도감을 느끼지 못했으므로 그곳들이 장미의 내부라고 생각지 못했다

살던 곳이 겨울일 때, 여름인 나라로 여행을 갔다 여행 내내 장미의 내부였다

눈보라가 가득한 겨울도 장미의 내부였다 다른 꽃들이 피는 계절도 장미의 내부였다 그때 찍은 사진은 붉은 색깔

이 거의 들어가지 않은 듯 푸르거나 붉다

걸음이 느린 것이 아니냐고들 했지만 그것은 제자리걸음이었다 장미 한 송이에 붉은 빛깔이 얼마나 드는지는 잘 모른다

하루하루 살아가는 것, 그러면 되는 것이라고 믿었다 만일 그곳들이 장미의 내부가 아니었다면 백지의 땅에 장미의 모양을 그려가는 걸음이었을지도 모르는 일

나무에 꽃이 피지 않았으므로 장미나무 주변까지만 갔다가 여러 차례 지나쳤다

나선형 감각이 나를 휘감을 때쯤 내가 장미 가까이 간 것을 알았다

얼굴이 장미로 뒤덮인 6월이다

활짝 핀 장미는 한 송이로 작고 단순하다

그가 같은 곳을 산다는 말의 모양이다

한 마리 원숭이와 여섯 개의 창문*

여섯 개의 창문을 가진 원숭이가 있다 창문은 눈앞에 원숭이 모습을 펼쳐 놓는다 화를 냈지만 잠시 후 평화로운 원숭이, 잠시 후 노래하는 원숭이, 잠시 후 바나나를 먹는 배고픈 원숭이, 창밖의 꽃을 내다보는 원숭이, 남은 한 개의 창문으로 어떤 미지의 원숭이가 나타날지 기다려 볼 일이다

사실 원숭이는 무한히 많은 창문을 가지고 있다 그 모든 창문을 열어서 나타나지는 못한다 우리는 바깥을 내다보는 원숭이만 알 수 있다 창문에 얼굴을 내민 원숭이를 보고 그들의 모습을 헤아린다

나는 부족한 모습을 창문을 열어서 보여주었고 더러 다른 사람들도 창문을 열고 부족한 모습을 보여주었다

감정은 해와 같이 바깥에서 이름을 부르는 것과 같아서 문을 연다 창문을 닫아버리면 해도 잠들고 꽃도 잠든다

활짝 핀 꽃을 원숭이라고 부르면 어떨까 꽃은 꽃으로서

분명치 않고 사람은 사람으로서 분명치 않다 창문은 언제나 닫힐 수 있고 또 다른 창문이 열릴 수 있기 때문이다

원숭이가 창문을 열고 타오른다 꽃도 나무를 열고 타오른다

사람을 닮은 원숭이, 사람이 된 원숭이가 드물게 창문을 열기도 한다 무언가를 극복했거나 어딘가를 넘어선 것이다 그러나 원숭이는 쉽다 원숭이는 가까이 있다

사람이 창문을 열었는데 원숭이가 곧잘 나타난다면 종의 경계가 희박한 탓이다

나무가 열리고 꽃이 필 때 꽃을 원숭이라고 할 수는 없지만 나무속에 원숭이가 산다는 말이 있다

* 육창일원 : 불교 경전에 나오는 이야기로 원숭이 한 마리가 자신의 욕망, 감정에 이끌려서 일어나는 마음의 현상을 말함.

어드벤처

하이데거의 말을 빌려 아이와 나는 존재이며 존재자다

당신과 함께 살수록 낯설었다 낯선 곳 두려운 곳으로만 가는 당신을 앞세우고 당신 몰래 돌아서 갈 생각은 하지 않았다 정면으로 살겠다 비겁하지 않겠다 생각했다

지나고 나면 삶이 여행이 되는 까닭을 설명하려면 길다 그때 눈 오는 태백시에 살던 아이는 기억으로 작아졌다 기억은 하나의 점으로 나의 우주에 명복 되었다 나는 커다랗게 번져서 어제의 둘레를 감싸며 여기까지 왔다 눈이 많이 오는 나라에 살고 있던 아이는 나의 바다에 숨어 있다가 자주 떠오른다 물을 박차고 튀어 오르는 물고기처럼…… 나는 그 아이의 머리를 쓰다듬으며 많이 추웠지 고생 많았다 여전히 착하구나 어쩌면 너는 나보다 더 어른일지도 모르겠다 너는 눈길을 걸었고 나는 눈길을 기억할 뿐이다 너는 모험을 살았고 나는 지금 여행자의 기분이다

태백시는 나에게는 삶이었고 당신에게는 지나가는 길이

었다 사실이면서 멀리 있는 사실들 어린 나와 겨울의 눈과 눈이 많은 나라가 내포되어 있다 물론 어린 나에게는 위험한 걸음이었다 그러나 당신은 나를 아파하고 있다 여행자의 가슴으로

평화로워졌다고 위험이 저쪽에서 작아졌다고 아이와 나의 상황이 다르다고 말할 수는 없다 나는 멈출 수 없는 걸음이었다 아이가 향하는 방향을 따라 따뜻한 나라로 왔다 아이는 추운 나라에 남았다 아이가 내 등을 밀었다고 느낀다 등에 아이 손의 차가운 기운이 남아 있다 그 아이는 눈에 영향을 끼쳤고 눈이 많은 나라를 싫어하는 마음에 영향을 끼쳤고 눈이 많은 나라를 아프게 기억하는 데 영향을 끼쳤다 그렇다면 나는 여행일까

눈이 많은 겨울 나라 태백시, 따뜻한 나라라고 생각한 부산, 사실이라던가, 현장감은 그때 그곳을 살았던 발소리로 사람은 자라고 나무도 자란다 당신은 크는 사람이었다 어느 날 당신이 함께 살면서 어땠느냐고 물었다 매혹적인 사

람이었다고 늪지가 많은 사람이었다고 탈출하고 싶은 사람이었다고 대답했다

내가 만약 물이라면 아이는 물의 시원 근처에서 살았고 나는 바다에 이르렀다 아이에게 커다랗던 세계가 나에게 작아 보일 수 있다는 게 위안이랄까 삶이 풍경이 되는 범위, 그 안에 어릴 때가 있고 눈이 많이 오는 태백시가 있고 아사할 것 같던 가난이 있고 그리고 또 그리고…… '나는 단지 멈출 줄 모르는 방향이었다.'고 아이의 손에 따뜻한 입김을 불어주며 말한다 나는 하얀 눈이 싫고 아이의 차가운 감각을 잊지 않고 있다 도대체 무엇이 사라졌단 말인가

당신은 예민한 사람이었고 약했지만 대체로 자신을 이겼다

나는 언제나 오늘의 나를 극복하기 힘들었다 애초에 삶은 그때뿐 봄은 여름으로 변질되었고 여름은 가을로 변질되었고 다만 태백시에 살았던 아이를 가장 강한 아이였다고 나무뿌리로 위치를 주었다 열길 눈 위에 작은 발자국을

낸 사람으로 위치를 주었다 그리하여 위험한 곳을 살고 있는 아이와 위험으로부터 벗어난 내가 만났다

무의식

문 앞 첫 번째 계단을 딛고 서 있으면 어둠이 걷힌다

꽃씨는 멀리서 온다

창고 안에 가득한 씨앗 봉투들에 써진 이름들을 다 읽은 듯하고 봉투의 개수를 다 헤아린 듯하다 그러나 파란 호랑이처럼* 봉투의 수는 늘어나서 아 봄이 여름이 왔다 갔구나 생각하고 창고에서 더 이상 혼란을 겪지 않는다

꽃씨들로 창고가 무한하다

나는 결핍된 내일이므로 자꾸 화분을 사고 꽃을 심는다

왜 혼자 조용히 있느냐고 물었다 씨앗에 머무는 중이라고 답했다

꽃씨에 내재된 해가 몇 월인지 묻고 비의 강수량이 많은 3월이나 4월이 깃든 꽃씨를 묻고는 봉투 하나를 건네받는다

창고를 다 비워버릴 듯 꽃을 심는다

꽃이 핀 수보다 꽃씨가 많아졌다

나는 꽃 속으로 들어갔다가 다시 창고로 돌아왔다 꽃 속에 있던 순간이 강렬하여 창고로 돌아와서도 어둠을 인식하지 못하고 있다 겨울이 오고 있다 꽃씨의 힘이 얼고 있다 온기가 꽃을 피우는 신이라면 이곳은 온기가 미량이다 꽃의 모양과 꽃의 빛깔은 상상이다

* 보르헤스 작품 중에서.

생각

생각은 외진 곳에 거처를 마련하여 살았다 답답함과 아늑함이 함께 있는 곳 고독의 힘이 훌쩍 담을 넘고 또 넘도록 했다 고독은 생각의 유물론적인 자연이었다

지하와 평면이 숨겨진 이면처럼 고요히 생각 옆에 앉아 있었다

어두컴컴한 창고 안에 생각의 크기는 끝 간데없고 절반의 낮 절반의 밤만큼 어둡고 밝았다

생각은 세계를 키우고 싶었다 세계 속에 사람이 산다면 사람을 키우고 싶었다 생각 속에 숲이 있다면 숲을 가꾸고 싶었다 생각 속에 강이 있다면 넓은 바다로 나가고 싶었다

생각을 키운 음악이 있었다 사람이 녹음기를 들고 천둥치는 여름비를 뚫고 왔다 음악의 자장에 묶여 생각이 자라고 또 자랐다 어느 한 방향으로 휘어진 나뭇가지처럼 생각의 우주 한켠에 음악을 들여놓았다

어머니가 생각을 낳은 이래 생각을 키운 어머니는 왜 그토록 많은지

생각에게만 있던 산과 강과 열매가 있어서 작고 어린 생각은 강을 따라 걷고 나무를 따라 열매를 키우며 자랐다

음악은 바람이었다 생각을 흔들어서 휘날리게 하고 지하에서 뿌리째 뽑아서 허공을 살게 했다

죽은 화가가 왜 생각을 키워주었는지 죽은 철학자가 왜 길을 안내했는지 죽은 시인이 왜 노래를 불러서 시인을 불러냈는지 생각은 몰랐다

고뇌였던 에너지가 생각에 내재된 신이었다

생각의 실체는 무엇이었을까 장미의 묘목이었을까 백합의 뿌리였을까 바다의 시원이었을까 겨울에 내재된 계절의

씨앗이었을까

창고 안에 무수한 생각들이 죽어가고 살아오는 겨울 너머 봄, 덜 자란 생각들이 하얀 눈 속에서 그늘이 가득한 창고 안에서 꽃을 들고 걸어 나왔다 층층의 땅의 층위를 딛고 올라서고 있었다

유키 구라모토의 고백

몸과 정신을 따로 가를 수 없는 곳에서 삽니다 정신에게 육체가 있습니다 육체에게도 정신이 있습니다*

노래를 키우는 뚜껑이 닫힌 피아노처럼 노래를 가득 모아 놓은 악보 책처럼

몸이 있어야 소리의 스밈과 흩어짐이 반복됩니다 처음의 소리로 돌아오지 못할 듯 흩어지지만 처음의 소리로 돌아올 수 있는 곳이 피아노이며 악보이며 손가락의 기억입니다

새장의 모습을 한 피아노에서 노래가 흘러나오고 몸의 모습을 한 강에서 안개가 물 밖으로 나와 대기를 채웁니다

까마귀가 어떤 고뇌처럼 날아와 부딪치려 하지만 나는 까마귀보다 높이 날아서 까마귀를 넘어섭니다 저 아래서 피아노가 기다려 주는 정신이기 때문입니다

하늘의 구름을 대신해서 내가 울 때가 있습니다 내 정신

을 키우던 피아노 위로 눈물이 떨어집니다 아주 먼 바깥을 담은 피아노의 우주, 온갖 화초들이 아열대 지방에서 상상을 초월할 만큼 자랍니다

운동은 풍부하고 커서 새가 날아와도 품어낼 수 있을 것 같은 허공입니다 팔의 길이는 우주를 몇 바퀴 감고 있어서 촉각이 느리지만 혈액은 통합니다

소리의 파동에 흩어지며 무한으로 확장되었지만 나는 노래의 씨앗처럼 피아노 뚜껑이 닫히기 전에 돌아옵니다 이후 몸의 세계는 캄캄한 밤입니다

최근에 나를 본 적이 있습니까 웅장하게 피었으므로 나는 잘게 부서져 부유합니다 허공의 스모그 속에서 나를 찾지 마십시오 의외로 나는 거름에 가깝습니다 잘게 부서진 나를 불러 모으려면 피아노가 필요합니다 악보 책이 필요합니다 한 떼의 뭉쳐진 구름처럼 대해를 건너 산모롱이를 넘어 나는 피아노 앞에 모일 것입니다

대지 위에 내 발자국이 없습니다 발자국 없이 나는 선명 합니다

* 니체의 『차라투스트라는 이렇게 말했다』에서 인용.

악마의 트릴*

그 나무는 오랫동안 겨울 강가에 뿌리내리며 서 있었다 무기한의 겨울나무였다

겨울 강은 언제나 흐르고 있었다

겨울 강을 따라가다 어느 날 아침 나무는 근본을 버리지 않고도 새 삶을 얻는 때에 닿았다 몇 개의 문을 열고 나무는 먼 길을 갔다 나무의 이름은 맨 앞글자의 성씨처럼 겨울의 표식이 붙었지만 근본을 버릴 생각은 없었다 새를 부양하는 나무의 근본, 꽃을 부양하는 허공의 근본도 겨울 강가에서 얻었다 겨울 강가에서 생의 시간을 다 쓰고 이미 낡고 늙어버린 나무를 봄이 첫 꽃처럼 받아 주었다 제 꽃의 거름이나 되었으면 했다 운명이 '너가 이토록 아름답고 향기로운 꽃이었어.'라고 허공에 핀 꽃을 통해 밝혀주었으면 했다

햇살이 따뜻한 날 꽃이 누수 되었다 꼭꼭 잠겨 있다고 생각했지만 겨울 강에서 서서히 풀려난 나무, 풀려나기 무섭게 천지사방 꽃으로 점령했다 나무는 악마를 거부하듯, 악

마를 변명하듯 한사코 꽃을 고집했다 겨울 강을 떠나는 힘이 가지 끝으로 넘치고 넘쳐 씨앗의 시간을 넘어섰다 봄이 겨울로 되돌아갈 수 없듯이 나무는 몸을 바꾸었다

* 주세페 타르티니 작곡의 바이올린 연주곡.

작품집

집을 짓기 전에 집의 모양이 예정되어 있고 그 집에 들어와 살 사람들과 사물들 공기들이 예정되어 있다

그 집은 흐르는 시간에 철저하다 집의 먼지 하나까지 헤아려서 앉힌다 집은 무언으로 여기에 화분을 놓고 저 계절을 놓으라고 지시한다

집을 지을 때 자석이 쇠붙이를 끌어당기듯 연이 있는 나무와 시멘트 책 커튼 창 안으로 들어올 산이 정해져 있다

나는 어떤 삶을 살 의무가 있고 어떤 삶의 목록들만 그 집에 채워야 할 의무가 있다

빈자리는 빈자리로 비워둔다 독자가 들어오든 공기로 떠돌던 것이 내려앉든

꽃 한 송이 중 한 잎이 피지 않는 화분을 들여놓았지만 거듭하여 사라진다 봄 안에 여름이 생겨나고 있는 집이다 가

을에 겨울이 커져가는 집이다

집은 스스로 구름을 생성하여 어둠에 묻히고 스스로 해 뜨게 하여 사방을 밝힌다

동물들은 점처럼 작게 하여 보이지 않게 살도록 한다

집은 스스로 지어졌고 아직도 지어지고 있다 창문의 수는 늘어나 보이지 않게 숨어 있고 스토리는 거듭 생겨나고 들려주는 목소리는 또 얼마나 다른지

누군가 정원에 들어와 꽃 한 송이를 꺾어도 집은 계절이 갔다고 여긴다 누군가 정원에 들어와 물을 주고 가도 집은 계절이 왔다고 여긴다

창밖의 새가 울어 창 안의 새가 불리어 나가는 집이다*
그 집 문밖으로 나온 나는 홀씨처럼 작고 가볍다

* 불교 설화.

체와 동시에 나타나는 사람

그 사람과 흰 눈을 맞으며 집으로 돌아온다 그 사람 덕분에 나는 신중하고 절제된 행동을 한다 어둠이 오고 나의 깃털 같은 사람 얼굴에 고뇌가 깃들어 있다 그 사람과 같은 세계를 가졌고 그가 찍어놓은 발자국처럼 나는 선명한 화인으로 흩어질 것이다

'우리의 슬픔이 같을까.' 골똘히 거울을 들여다보며 그가 묻는다 그 사람의 비애 이후, 내 슬픔이 당도한다

그와 오래 함께 살수록 나무에서 잎이 돋아나듯, 잎이 떨어지듯 삶에 소음이 생겨나고 사라지고 한다 그는 삶과 좋은 관계가 아니므로 특별히 소음이 많다 하여 돋아나는 나뭇잎 같은 내가 동시에 그의 발걸음 아래 우수수 떨어진다 그의 극심했던 생애에 나를 완전히 맡기고 동시에 계절의 변화처럼 놓여난다

'너는 책인가 너는 나를 쓰는가.' 그가 물었지만 그 사람 불을 끄고 침대에 누웠을 때 나는 따로 존재하지 않는다

그의 미래의 얼굴이 겨우 이것이냐고 묻는 사람도 있다 나를 가리켜서 하는 말이다 나는 소리도 없는 입을 열어 그의 총체의 꽃은 아직 피고 있다고 말하기도 한다

그 사람 혼자 설 수 없어 비틀거릴 때 나도 자연의 법칙처럼 비틀거린다 그 사람과 나 사이에 틈을 찾을 수가 없다 서로를 인식하지 않을 때만 자유를 느낀다

그 사람이 반성할 때 허리를 곧추세우고 차렷 자세로 나는 서 있다 그 사람과 같은 옷을 입고 나란히 걷거나 약간 뒤처진 듯 비스듬히 걷는다

그 사람이 거울을 볼 때 한 번도 현재에 있지 않다 그 사람이 어떤 삶을 만날 때 느끼는 경이나 두려움 이후에 내가 서 있다

그 사람의 방위는 사방이고 동서남북을 오가며 산다 나

는 그의 우주 천체가 빙그르 돌 듯 북쪽을 향한다

그 사람이 무엇을 하기 전에 '이러면 어떨까' 말을 걸어올 때가 있다

내가 선택할 수 있는 건 없다

제2부

카프카의 나무

벤치

시간 위에 벤치 하나 놓고 산다 자주 벤치 위에 책 한 권을 놓는다 좋아하는 음악을 놓는다 오늘은 영화 한 편을 올려놓았다

그는 경주에 온전히 온 것 같지는 않다 들고 온 벤치를 어디에 놓아야 옛날이 와서 앉을까 춘정이 와서 앉을까 이리저리 떠돌며 자리를 찾고 있다

내가 놓아둔 벤치에는 찻잔과 나와 '경주'와 그의 자전거와 찻집과 '윤희' 낯선 여자와 왕릉과 옛 연인이 와서 앉았다 그의 벤치는 놓을 자리가 없어 가방에만 들어 있다 차 두 잔 마실 벤치를 꺼냈고 신비로운 듯 찻집을 몇 번 둘러보는 정도의 벤치를 가방에서 꺼냈다 낯선 여자 '윤희'를 욕망하는 감정을 앉힐 벤치와 옛 연인을 앉힐 벤치와 왕릉을 앉힐 벤치를 가방에 넣고 자전거를 타거나 내내 걸었다 나도 그를 따라 걸었다 낮을 걷고 밤을 걸었다 나의 벤치는 밤을 따라 깊게 기울어졌다 그의 새벽이 오고 아침이 오고 나의 벤치가 평면으로 돌아왔다

나는 벤치에서 일어나 한 낮을 검게 가리었던 커튼을 걷고 빈 찻잔을 씻고 돌아보니 벤치는 투명해져서 후르르 대기 속으로 사라지고 있었다 벤치도 없는 내 우주, 어디에 내 영혼을 당기는 빈 곳이 있었을까 시간을 써버린 죄의식이 몰려왔다 오전에 찻잔 한 개와 책 한 권 오후에 찻잔 한 개와 책 한 권 놓을 벤치를 초과하여 딛고 있던 땅조차 아래로 아래로 모래처럼 흐르고 있었다

* 영화 〈경주〉에서.

카프카의 나무

옆집 부러진 화초의 지지대를 세워주고부터
나는 소수점을 떠나 숫자 0에 도착했다

카프카는 싸늘한 사람이다
수학적이랄까 포장지를 너무 많이 벗겨내어 아름다움을 허위적이게 한다

숫자 0은 겨울을 떠나기 직전이다
0 아래 무한한 소수점을 올라가거나 내려오면서
0은 내가 도착할 수 없을 것 같은 큰 세계였다

진료의 근원에도 아름다움이 있고 심미적인 게 있는데 그는 왜 뼈대만 표상할까

눈과 사람이 섞인 나는 온도가 올라가면 사람 쪽으로 가려고 했다

그의 눈에는 겨울나무 속 꽃은 보이지 않는 것일까

나의 반쪽 눈에 겨울이 살고 반쪽 사람 심장에 식물과 동물이 산 탓이었을까
몸이 칼날처럼 벼려질 때 내는 피리 소리를 들으며 나는 감각적인 수학자가 되었다
나무는 영원을 서 있고 나무는 연못으로 고여 있다가 꽃을 통해 흘러가고 있었다

벽 하나 사이에 사는 옆집은 여름이었다
그 집 화단에 식물들이 무성하게 자라고 있었다

카프카는 법정 앞을 지키는 수위를 나무의 꽃이라고 한다

나의 집 앞에는 녹지 않는 눈이 만년설로 쌓여 있었지만 아무도 볼 수 없었다
수의 도표와 삼각은 겨울에 머물러야 온전하다

그는 법을 집행하는 판사를 나무의 씨앗이라고 한다

나무의 처음이라고도 한다

벽 하나 사이에 사는 옆집 사람이 벨을 누르고
대문이 열리면 내 눈이 녹아서 물이 새어 나왔다

법원 안으로 들어가려는 사람은 아직 그 나무 밖에 서 있다는데
나무의 꽃이 피었다 지도록

옆집 사람의 웃음에 웃음으로 화답한 후
입가 녹아내리는 물기를 닦았다
그때부터였을 것이다
온기가 나를 발아한 때
뒤를 돌아보니 피타고라스에게 작별 인사도 없이 떠나고 있었다
모두들 덥다고 했지만 나는 사라지는 줄 모르고 햇볕 속으로 걸어 들어갔다

벽 너머 도서관은 확고한 봄이며 개인의 것이다

도서관이 없어졌다 다 써서 남은 도서관이 없다 도서관 가는 길도 어둠에 둘러싸였다 내게 도서관은 사과밭과 같은 이미지를 가지고 있다 나는 줄곧 그곳에서 자랐다 그러다 나의 인생을 도서관으로 만들었다 그럼에도 내가 도서관보다 빈곤하다는 생각이 떠나지 않는다 도서관이 사라지다니

누군가 눈이 온다고 창밖을 내다보라고 소리친다 눈이 버스 정류장을 흰빛으로 덮고 있다

눈이 녹아 바다로 들어가듯 도서관이 되어버린 나는 그냥 바다다 서가에 분류된 책들을 어디서 꺼내 볼까

난로 위, 물이 끓는다 김이 올라서 사라진다 어디서 물을 찾을까

외설적인 소설 한 권도 뽑아 들 수 없는, 내용이 유실된 『』 표제만 바다 위를 둥둥 떠다닌다 바람 불고 파도가 높은

날은 『』 표제마저 어렴풋하여 바다의 깊이와 넓이를 한탄한다 고래를 키우든 상어를 키우든 나는 캄캄하고 막막한, 활자 하나 떠오르지 않는 바다다 책을 삼킨 고래처럼 심연에 무엇을 숨겼는지 출렁이는 파도만 멀리까지 갔다가 돌아오곤 한다 낚시를 하듯 도서관에 가서 바다에서 유영하는 책들을 건져 올려야 한다 도서관에 가야만 있는 물고기들

도서관이 클까요? 사람이 클까요? 바다는 입술이 없어요.

도서관에서 건져 올린 한 마리 물고기, 무수한 물고기, 한 페이지에서 다음 페이지로 가지런한 바다, 물길을 따라 고래 배 속을 지나 망망한 바다 기슭에 머리를 내밀고 숨을 내쉰다

바닷속을 유영한 후 밀려드는 어둠에 기대어 앉는다 펼쳐볼 수 없는 도서관, 도서관에서 파도 소리를 들었던 기억이 난다 도서관에서 바다 비린내를 맡은 기억이 난다

제 안의 도서관에서 책을 읽는다는데 제 안의 사람들과 이야기를 나누며 먼 곳을 향해 걸어간다는데

내 안의 바다에서 나는 바다일까요? 물고기일까요?

피아노와 바위

피아노는 새의 긴 꿈이다
피아노는 새의 영혼을 꽉 조이는 세계이며
허공을 키우는 화분이며
새의 알을 부화하는 크고 따뜻한 어미 새다

바위 속에 가벼움을 가두는 감옥이 있다
바위는 뿌리 없는 식물이다
가지나 잎을 피우지 않는다
가벼움을 극복하기 위해 몸과 마음을 한곳에 모아두고 있다
귀를 없애고 눈을 없애기 위해 은거한다
밀폐된 곳, 바람이 드나들지 않는 곳, 바위의 안전한 서식지다
서식지를 떠나면 잘게 부서지고 사방 흩어져서 죽는 식물이다

피아노 뚜껑이 닫힐 때 겨울이 온다
뚜껑이 닫힌 피아노는 새의 날개를 두 손처럼 묶어놓는다

얼음벽에 둘러싸인다

사막은 바위들이 사는 식물원이다
장미보다 아름다운 꽃이 숨어 있다
나뭇잎보다 더 팔랑거리는 잎이 숨어 있다
사막에서 몸을 가볍게 하여 날아 보지만 영원히 바위 안
이다
낙타와 선인장은 바위의 진화다
어디론가 멀리 가고 싶은 바위의 동물성과 식물성의 진화다

봄이 올 때쯤 피아노 뚜껑이 열리고
손가락을 피아노 위에 올려놓으면 얼음산이 녹아내린다
피아노가 울 때마다 피아노는 크게 깨어진다
피아노와 피아노 치는 사람과 새의 구분은 새가 피아노
를 떠나면서 지운다

바위는 한평생 떠나서 사막에 도착한다

블록

나를 가두는 집과 나를 키우는 집과 나를 아프게 하는 집과 나의 아픔을 낫게 하는 집을 짓고 있다

책 한 권으로 오늘의 나를 쌓는다 나에게 음악이 힘이라면 집의 정서가 오늘 쌓은 벽돌과 내일 쌓을 벽돌 사이를 이어주는 힘도 오늘 들은 음악일 것이다

오늘은 블록 쌓기를 이어주는 영화를 보았다 영화는 파동으로 이루어진 삶, 건축물을 촉진 시키는 영화와 음악에는 왜 햇살이 들어 있을까 허공이 들어 있을까 높이 나는 새가 들어 있을까

새는 허공보다 넓어서 허공 너머로 갔다 해는 봄보다 커서 모든 봄에 있었다

수분처럼 음악 70%로 이루어진 건축물

사랑, 정형화되지 않은 마음으로 벽돌 한 개를 찍어 올린

다 사랑, 바람의 요소가 많이 들어간 벽돌은 새보다 나비보다 가볍게 날아가서 벽돌이 있던 자리에 구멍이 난 건축물, 구멍이 생긴 이후, 창밖을 내다보는 시선이 생겼다

음악으로 찍은 벽돌을 올리자 집에 신비로움이 감돈다 땅에도 살고 허공도 사는 사물이 되어

음악이 올려진 자리는 여전히 구멍으로 남았다 막아도 막히지 않는 부분에 문과 유리창을 냈다 유리창과 문이 없었다면 나는 바깥을 몰랐을 것이다

가을에는 꽃이 지고 있는 정원에서 꽃씨를 받아 벽돌을 찍을 것이다

오늘은 육친의 죽음이 닮은 사람이 찾아왔다 '각자도생이지만 함께 갑시다.' 그의 말이 거대한 자연의 저편에서 길어온 몇 방울의 눈물로 찍고 있던 벽돌 속에 갇혔다

나의 건축물은 바깥보다 안을 크게 지었다 바깥이 큰 친구는 건축물을 작게 지어 놓고 여행을 떠났다가 여행기를 벽돌로 찍어 들고 돌아왔다 친구의 상상력은 바깥을 떠돌고 나의 상상력은 너무 큰 건축물 안을 발자국을 촘촘히 깊게 찍으며 다니고 있다

지킬 그리고 하이드

내 안으로 들어온 꽃들의 운동입니다 나는 그저 창고나 꽃씨를 보관하는 봉투와 같은 사람입니다 1월의 꽃에서 12월의 꽃으로 끝나는 사람입니다 나의 꽃 하나하나가 다 나타날 때까지 나를 단정 지어서는 안 됩니다 오늘 핀 붉은 장미가 나의 내면이라면 내일 피울 흰 장미도 나의 내면입니다

누군가 나를 만나기에는 너무 걸다고 말합니다 피는 꽃을 따라오세요 꽃이 나의 시간이며 계절입니다 5월이 오고 4월이 사라졌다면 5월은 5월답게 작기 때문입니다

어두워지고 있는데 시계가 나를 해바라기 하고 있습니다 나는 아침에 백합으로 왔습니다 백합 한 송이가 피고 있었습니다 백합 한 송이가 어둠에 빠지고 있습니다 꽃이 소신으로 꽃을 숨깁니다 아름답고 평화롭게 붕괴되는 집입니다 다른 거처를 마련하듯 제때 시간의 뒤를 따라나섰습니다 만종의 꽃이 나와 한 몸입니다 그럼에도 나는 장미입니다 당신에게는 없는 장미라고 말하시겠습니까 당신에게만 있

는 백합이라고 말하시겠습니까 장미 위에, 벚꽃 위에, 목련 위에, 백합 위에, 자꾸 피려는 꽃입니다 단지 그것뿐입니다

짧은 한 번의 장미꽃, 긴 장미나무의 시간이 아니어서 미안합니다 나는 장미로 영원하며 장미를 더 나아가고 있습니다 코스모스cosmos를 떠나

당신은 너무 조급합니다

지금 메밀꽃밭을 지나고 있습니다 내 눈은 메밀꽃을 강물처럼 띄웁니다 장미나무는 발걸음 소리만 들립니다 메밀밭을 다 지난 후 장미나무 발소리에 골똘해졌습니다 장미 쪽으로 가는 길에 다른 꽃을 만나지 않는다면 나는 정리가 잘 된 코스모스cosmos, 장미입니다

당신은 너무 조급합니다

다른 꽃과 구분이 덜된 키 작은 장미였습니다 다른 꽃과

대립하지 못한 약한 장미였습니다 조급하게 장미라고 말하지 않겠습니다 나타나는 꽃과 나타나지 않는 꽃으로 일체일까 합니다 그럼에도 저 많은 꽃들에서 빠져나오는 출구는 장미에 있습니다

어느 곳 빈 의자

그의 의자는 4년간이라는 틈, 사이에 있었다
잠시 누군가 비운 사이, 틈, 바람이 와서 앉을 의자
먼지가 와서 몸을 포갤 의자

4년은 나무 한 그루가 뿌리내릴 수 있는 기간이다
의자와 사람이 한 몸이 될 수 있는 기간이다
이미 내린 뿌리를 뽑아서 어디에 심으라는 것인가

나는 투명한 나무와 투명한 못 몇 개,
투명한 망치를 그의 손에 쥐여주었다

투명한 것이 믿음이 될 수 있느냐고 그가 물었다

나는 보이지 않는 것은 산소와 같고 시간과 같다고 했다

의자가 나타나야 집에 창문이 생기고
창밖의 나무에서 바람이 불 거라고 그는 말했다

나는 사방 벽이 막혀올 때 음악은 투명한데
벽을 밀어내더라고 했다

그는 내가 준 나무를 만지작거리며
"이 투명한 질감에서 의자가 나타날까?"
그의 믿음이 보이지 않는 의자처럼 투명했다

나는 탄생 이전은 무엇이든 없는 것이라고
여기 투명한 공작소는 먼 곳일 거라고
먼 곳에서 의자가 오고 있을 거라고 했다

그는 투명한 나무를 들고, 투명한 망치와 못을 들고
투명한 공기의 공작소로 들어가기 전 다시,
'아무것도 없는 것이 미래에 있는 것이 될까' 물었다

나는 영화 한 편이 창밖에 서 있는
한 그루 나무보다 더 청량한 바람이 되어 불었다고 했다

그의 공작소에 상상의 전등이 켜지고
상상의 망치 소리가 먼 곳에서 들려오기 시작했다

꽃과 나무 구름 사람이 합해서 한 사람입니다

사람들이 나무를 몸 내부에 품고 걸어간다
단추가 열린 옷 사이로
빈티지 바지의 헤진 사이로 나뭇가지와 구름이 새어 나오고 있다

머리 자리에 꽃을 활짝 피우며 여자가 피아노를 치고 있다

비행 청소년이 길을 가다 쓰러져 있다
소년의 머리 자리에 나무뿌리가 뽑혀서 길게 누워 있다
뽑힌 나무의 이파리가 뜨거운 태양 아래서 시들고 있다

사람 안에 나무가 주체적으로 살고 있습니다
사람 안에 구름이 흐릅니다
구름은 나무에 찾아오는 미혹 같은 것입니다
구름은 나무가 걷다가 발이 걸려 넘어지는 돌과 같습니다

사람은 나무와 꽃의 외부를 삽니다
사람은 나무와 꽃의 외부를 정면으로 감당합니다

머리 자리에 핀 꽃과 나무는 그 사람 생의 현재 위치입니다
꽃과 나무 구름 사람이 혼합하여 한 사람입니다

사람이 넘어질 때 나무는 간당거리는 뿌리로 일어서서 꽃까지 걸어갑니다
사람의 아름다움은 내부, 식물에 있습니다

나무를 위해 넘어질 수 없다고
꽃을 위해 산다고 하신 당신은 식물을 사는 사람입니다

사람이 내부에 꽃을 활짝 피우지 않는다면
어디서 피아노 소리를 들을 수 있을까요
식물의 모습이 모여 사람이 절경을 이룹니다

존재의 불안한 기표들이
심장에서 얼굴에서
걷는 다리에서
옆구리 곁에서 붉은색으로 깜박인다

불안한 마음에서 생기生氣가 파생되어 사람을 앞으로 걸어가게 하고 있다

* 화가 이태호 선생의 그림을 보고 사유함.

식물의 위쪽 상부

특별히 선약은 없습니다 가을은 가을답게 가득 차서 우주의 크기를, 그 한계치를 보여 주었습니다 가을은 가을답게 가지치기를 잘하는 가위를 가졌습니다

당신이 내게 주려던 커피는 공기 속에서 오늘은 꺼내지 마시고 커피라는 이름도 붙이지 마십시오 나의 오늘은 고이 잠드는 침대와 같은 곳에 있습니다 커피향기도 끓는 물도 발생되기 이전으로 두십시오 나는 여기 겨울 속에 씨앗으로 있습니다 당신이 주겠다는 커피를 마시러 갈 몸이 없습니다 나의 식물은 겨울이 공기 속에 감금하여 잠재우는 중입니다 나의 사람은 겨울 침대에 눕혀두고 봄을 기다립니다 내가 얼마나 자라지 못하는 식물인가는 가지런히 놓인 신발이 말해주고 있습니다 신발은 좋은 화분도 거름도 되어주지 못했습니다 신발을 신지 못하여 아침에서 저녁까지도 못 가고 있습니다 그러므로 나는 지금 없습니다 어제도 식물을 기다렸습니다 오늘도 식물을 기다립니다 식물이 자라오지 않는 동안 사라진 것에 대해 투명한 것에 대해 골똘히 생각합니다 나는 여기 겨울 침대에 누워 있습니다

가을은 잎만 떨어뜨리는 정교한 가위를 가졌습니다 저 나뭇가지는 우주의 크기보다 더 크려고 했나 봅니다 정교하게 잘려 나간 자리에 다시 가지가 자라오면 그때 팔랑팔랑 가겠습니다 그때 공기 속에서 커피라는 이름을 부르며 꺼내주십시오 마침 나도 팔랑팔랑 도착하겠습니다

자유가 어떤 곳에 도착하는 식물이라면 미래가 식물의 위쪽 상부에 있다면 나의 식물은 아직 투명한 곳에서 자라오고 있습니다 당신은 없는 나에게 '혹시 시간 있느냐'고 물으셨습니다

창문

사람이 지나갔다 지나가는 동안 얼굴에 흉터가 두 군데 생기고 손가락이 잘렸다 침착한 얼굴로 의자에서 일어나 얇은 분홍색 커튼을 젖히고 나가는 것으로 끝이었다 이것이 나의 삶이다

같은 자리에 앉아서 가다 보면 갈 수 없는 곳이 많다는 걸 알 수 있다 여름도 가만히 앉아서 도착했다 과일이 열리고 과일이 익는 동안 그것을 가만히 보고 있는 동안 300일이 지나갔다 입술도 없이 여름 내부에서 앙상한 나무가 사라졌다 말한다 가만히 앉아서 감정도 없이 그토록 진실할 수 있었던 건 기적이다

속이 없어 투명한 내가 어떤 무엇이라는 근거가 있는가 생각해 보지 않았다 생각하지 않는 게 나의 성질性質이다

고양이 울음소리를 내며 돌을 던지는 것을 사랑이라는, 작은 돌이 사랑에 도착하는 강물이라는 생각도 하지 않았다

사물은 오고 또 사물은 왔다 사물은 가고 또 사물은 갔다 실은 나도 오고 나도 갔다

여름은 세계를 폭로했다 가을은 도마뱀 꼬리였다 겨울은 세계의 바깥과 세계의 밤이었다 나는 토막 난 말을 이어서 형상을 나타내며 말했지만 내게 남아 있는 말은 없다 늘 처음 하는 말이다

내가 초목인지 사람인지 계절인지 무엇이라고 칭할 수 있는 것인지

하나의 감정도 없이 나를 통하여 세계 바깥에서 세계 안을 살았다 그물에 짜여 지는 한 올 한 올 실과 같이 살았다

나와 사물 사이에 과거가 없다는 건 너무 가까이 있었기 때문이다 또한 너무 멀리 있었기 때문이다 나는 사물의 감정을 알 뿐 나의 감정을 모른다 최후의 파국 내 몸에게로 돌아오는 인식, 산산조각 나는 소리만이 내가 소유할 감정이다

사람에 도착한 사람

나무 이파리, 꽃, 바람, 새를 가진 아버지가 병 속에 앉아 있었다

애야 이곳은 광활해서 깜박깜박 정신 줄이 희미해지는구나
이곳은 너무 작아서 종일 침대와 휴게실만 발을 디딜 수 있구나

병과 함께 바람이 사라지기 시작했고 빈자리에 사람이 생겨나기 시작했다

이곳으로 들어오는 문이 창밖에 피고 있는 벚꽃처럼 열렸더냐
벚꽃이 피고 있는 동안 네가 왔다

나무 이파리가 떨어진 자리에 가슴이 생겨나기 시작했다

이승과 저승의 거리가 담겨 있는 이 넓은 곳을 온 거니

너는 30분도 머물 수 없는 이 작은 곳에

꽃이 시든 자리에 가슴이 생겨나기 시작했다

너는 시종 두근거리며 왔을 테지
벚나무의 먼 거리를 걸어

새가 날아간 자리에 사방 둘러볼 눈이 생겨나기 시작했다

이제 꽃이 피는 방향으로 창문을 내고 네가 오는지 내다볼란다

몇 잎의 이파리가 남아 있는 동안 어느 전생을 그리워하듯 그는 오래 창밖을 내다보았다

얘야 여기 병 속을 떠날 수 있을까
꽃이 창밖을 가득 메워 문을 열었다가 곧 캄캄하게 닫히는구나

얘야 내 손을 잡지 마라
너의 힘에 이끌려 여기서 나가고 싶다
벚꽃처럼 잠시 머물다 흩어질 집이라도 갖고 싶다

남아 있던 이파리가 떨어지고 있는 동안 어느 현생을 그리워하듯 그는 오래 창밖을 내다보았다

지금 집으로 가는 중이에요
눈물이 먼 전생의 일인 듯 멀리서 왔다

가까이 오지 마라
나는 차갑게 식어버린 혼자인 사람이다
내게 온기를 퍼트리지 마라

마지막 한 이파리가 꺾인 날 그는 온통 노인의 몸이 된 그는

제3부

무정부의 나날

불온한 아내

아내가 옷을 차려입을 때 날개옷을 감춘 적이 있는지 기억을 더듬어 본다 아내는 나무 이파리가 돋아나듯 옷을 입는다 아내는 새의 날개를 짓듯 옷을 입는다 나는 꽃이 피어나는 나무를 보듯, 허공으로 날아가는 새를 보듯, 속수무책이다

오늘 아내는 돌아올까 저토록 커다란 날개를 달고 돌아올 수 있을까 집은 한순간 새의 알껍질이 된다

아내는 나무 이파리를 가득 매단 여름 나무가 되어 집을 나선다 여름 동안 못 돌아오겠구나 나는 절망한다 한순간 집은 햇살이 뜨겁게 쏟아지는 정원이 된다

아내가 대문을 나서면 아내는 아내를 떠나 새가 되는지, 여름 나무에 위험한 꽃을 피우는지

아내의 날개옷을 감춘 기억은 수면 밑바닥에 돌로 눌러 놓은 듯 떠올릴 수 없다 아내의 근원에 새가 있고 여름 나

무가 있다는 걸 모르게 하고 싶다 비밀은 물 밑에서 떠오르지 않아야 한다

집은 새가 날개를 키우는 계절이라는 생각을 떨칠 수 없다 나는 새장도 없고 여름 나무를 자를 전지가위도 없다 나뭇잎을 떨어뜨릴 바람도 없다

오늘 아내는 돌아올까 저토록 푸른 나무를 데리고 돌아올 수 있을까

무정부의 나날

— 존재론을 떠나며

당분간 무정부주의자로 살기로 했다 나라를 건설하는 일이 획일화되어…… 제비꽃이었지만 제비꽃을 고집하지 않기로 했다 잠시 지붕이 없는 집에서 살았다 집시까지는 가지 않았다 지붕이 있는 네모난 집에 들어가서는 물이 되었다 뼈대를 포기했고 계절에서 조금씩 떨어져 있었다 전화를 늦게 받거나 경주에서 뒤처진 듯 늦게 여름에 도착했다 약속도 목련의 세계 겹벚꽃의 세계로 들어가야 했으므로 취소했다 바람을 자유의 상징으로 사람들은 말하지만 중력을 잃어 그다지 자유롭지 않았다 어느 날은 나라를 떠났고 어느 날은 나라를 찾아갔다 바다를 가는 날이라던가 영화를 보는 날이라던가…… 그러나 마지막에는 멀리 서 있는 나를 손짓하여 부르고 나란히 그림자를 떨어뜨리며 정부청사 쪽을 향해 걸었다

얼마간 나라를 떠난다고 해서 정부와 거리를 유지할 수 있을지 알 수 없었다 손에 벽돌을 들지 않았으므로 나는 정처 없었다 건설하는 일을 멈추자 중심이 사라졌다

습관 같은 '오늘 몸은 어떠신가?' 묻지 않기로 했다 화단에 핀 꽃을 가만히 들여다보는 걸로 안부를 대신했다

손에 벽돌을 들지 않는 동안 하얀 백지와 같은 해가 떴다지고 해를 건너는 걸음은 불안했고 손이 떨렸다 행복도 없고 불행도 없었다 행복을 닮은 시간과 불행을 닮은 시간을 교차하며 정부의 날이라 부르고 무정부의 날이라 불렀다

새가 날아간 사람

당시 그 사람, 사랑에 사로잡혔다고 합니다
그러자 함께 살던 새가 날아갔다고 합니다
집에 새를 키우시나요
새를 키우지 않아도 모든 건물에는 새가 살아요
모든 사람은 새와 함께 살아요
새가 날아간 후 외출을 못했다고 합니다
날개가 큰 새가 있어야 여행이 가능하다고 합니다
자유는 높고 쓸쓸하니까요

새에게 서식지의 조건이 필요하다고 합니다

화단의 나무들도 오래 새를 키운다고 합니다
꽃이 지면 나무에 깃든 새가 날아가 버린다고 합니다

새장 같은 건 상징일 뿐입니다

그 사람 나비 한 마리와
살고 있어서 산책을 할 수 있었다고 합니다

관상용 사랑에 물을 주면서 새가 돌아오기를 기다렸다고 합니다
밤에 잠이 들면 꿈속에서 새가 큰 숲이 있는 곳으로 날아갔다고 합니다
그 사람을 한 번 돌아보고는

사랑은 새를 잃어야 가능하겠지요
자유는 높고 쓸쓸하니까요

지루하게 내리는 비를 새가 묶여 있는 건물이라 부르고
외부로 나갈 수 없도록 내리는 큰 눈을 새가 살지 않는 건물이라 불렀다고 합니다

나비

사람 안에 나비가 산다 깃털보다 가벼운 사람 잘 정돈된 장서와 같은 사람을 나비 한 마리가 나타나서 불시에 흩어 놓는다

내게 마음의 심지가 없다고 말한 사람이 있습니다 나뭇잎이 나무뿌리와 다를까요 뿌리의 깊고 무거운 말이 팔랑입니다

사지가 먼지처럼 흩어지는 고통, 나비효과다 나비 날개보다 가벼운 생명체를 극복하기 위해 스스로 정적 아래로 걸어 들어간다

나뭇잎에 머물 때가 있고 뿌리에 머물 때가 있고 나뭇잎과 뿌리를 떠나 공기로 떠돌 때가 있습니다

고요는 겨우 이어 붙여 놓은 사람을 보존한다 고요는 먼지로 이루어진 호수다 잔바람에도 호수는 깨어진다

뿌리와 잎의 거리는 동시일까요 뿌리의 꿈은 휘발일까요 팔랑, 새가 날아갑니다 얼마나 멀리까지 날아가면 저토록 투명할까요

사람은 나비를 잡아 박제하는 핀과 같다 아름답게 표본된 나비는 보이지 않고 핀에 찔린 자리, 몸이 아픈 사람이 있다

한 무리 날아간 새들이 잎에, 꽃에 있어요 나는 가볍고도 깊은 사람일까요 뿌리가 어미 새와 알 두 요소였을까요

나비가 사람에게 허공을 주었다 온전한 사람도 아니고 온전한 나비도 아닌 생

어둠이 오고 있습니다 다시 뿌리, 알, 속입니다 웅크려 앉아 알을 부화할 동안 당신은 나를 깊은 사람이라고 부르시겠습니까

자유

나는 나무 이파리와 돌 두 개를 가지고 있다
늘 이파리를 사용하고 싶지만 돌을 자주 사용한다
오늘은 휘날리려는 나에게 돌이 필요하다
침묵이 가득 고인 돌 두 개가 필요하다

사는 이유가 무엇인가? 누군가 물었다
자유를 마음으로 보고 느끼는 것이라고 답했다
어떤 사람은 책갈피에 꽂힌 풀꽃 한 송이가
피어 있는 곳으로 가보는 게 자유라고 했다

발에 돌이 묶인 사람
등에 돌을 진 사람
손에 나무 이파리를 꺾어 들고 걷는 사람이
물결처럼 흐르고 있다

아픈 어머니와 아버지는 내 발에 돌 하나 묶어주고
등에 돌 하나 올려주며 자유의 성분이라고 말했다
나무 이파리는 돌의 은유라고 말했다

나는 짐이 되어 있고
아버지 어머니가 되어 있고

아버지 어머니가 올려준 돌을 지고 벤치에 앉아 울었다
조금 아는 사람이 옆에 말없이 앉아 주었다
새도 옆에 앉아 주었다

말이 닿을 수 없는 곳
마음만 닿는 곳
아무 말 없이 마음의 세계가 흐르고
무거운 짐과 자유는 나란히 순간씩 교차하며 앉았다

나는 새에 이르지 못했지만 순간 새를 느꼈다
무게를 감당할 만큼의 새는 날아가지 않고 남았다

시간의 양극단

몹시 소극적이고 눈에 뿌연 안개가 낀 그를 만났다 우리가 탔던 시소는 시간의 양극단 같았고 모래시계의 양 측면 같이 위아래로 흘렀다

그는 가파른 협곡 같은 가슴에서 자신이 사용했던 시간을 꺼내어 그와 내가 다른 사람이라는 걸 말하기 시작했다

이미 나의 내면, 가장 깊은 곳이 되어 있는 그를 노인처럼 여겨야 할지, 식물의 첫 잎이다가 떡잎이 된 모습으로 보아야 할지 망설여졌다

시소의 기울어짐과 올라감의 거리가 이쪽과 저쪽이었으므로 그의 말소리는 멀게 들렸고 가끔 희미하여 알아듣지 못했다 그는 나를 맨 뒤에서 올 사람이라고 불렀고 나는 그의 늙은 외모를 보고 말을 높였다

살면서 몇 명의 우리들을 만날 수 있나요
그가 앉은 시소는 뿌리처럼 밑으로 깊숙이 떨어졌다

우리는 여럿 혹은 헤아릴 수 없이 많겠지만 분열된 자아가 아니라면 만나기는 어려울 것이네

내가 탄 시소는 공처럼 허공으로 튀어 올랐다

당신은 어떤 상태에도 머물러 있지 않는 나의 존재라는 뜻인가요

나는 표현됨으로써 삶을 벗어날 수 있었네

나는 서가 한 귀퉁이에 꽂혀 있는 당신의 궤적 중에 하나인가요

오늘 저녁 자네를 처음 보았네 잠깐 한눈파는 사이 자네를 놓친 듯하네 사람은 자신을 남김없이 살지는 못하네

그럼 오늘 밤 당신은 당신 자체로 타인입니까

나는 자네에게 어떤 책임감도 갖고 있지 않네

누군가 당신과 내가 마주 앉아 이야기를 나누는 장면을 펼쳐 들었어요

무슨 상관인가 젊은 자네는 생각이고 늙은 나는 표현이면 되지 않겠나, 나는 체험한 것에 대해, 자네는 미지에 대해 이야기를 나누면 그만이지 않겠나

꿈속의 사람

내년 봄이 오기 전까지 너는 상상 속의 사람이다
봄이 화가의 상상력이라면 너는 나무를 찢고 피어날 것이다
해가 시간의 상상력이라면 저쪽 화단에서 너의 모습을 만날 것이다

어느 날 나무가 수인의 삶이라고 말했다
내내 계단을 밟고 올라왔다고 했다
계단을 오르던 날이 세상 전부더라고 했다

너는 복숭아나무에 깃들어 있고 매화나무에 깃들어 있고
장미나무에 깃들어 있고 민들레 홀씨에 깃들어 있다
너는 아마 여기가 아닌 다른 곳 다른 계절에 있는 듯하다

나무는 창문이 있어 희망을 품었다고 말했다
올라갈수록 더 큰 창문이 나타났다
창문은 날이 다른 계단이었다
모든 풍경은 단편이었다

내년 봄, 다가올 여름, 훗날의 가을

바위 안에 너의 상이 웅크리고 있다

꽃이 돌보다 단단해지고 있다
꽃이 겨울을 얇은 유리창처럼 깨트리며 나가려 한다

활짝 핀 꽃은 몇 시일까
지나가는 사람은 며칠일까
어둠은 왜 하루를 건너는 강물 같은 계단일까

꽃이 피지 않는 복숭아나무
꽃이 피지 않는 매화나무
꽃이 피지 않는 장미나무

그제는 톱이 없고 어제는 전지가위가 없고 오늘은 칼이 없고

내일은 나무를 베리라

늦은 꽃이 피고 있을까
너의 몸에 그림자가 떨어지고 있다

언덕

오늘은 바람이 많은 날, 우리는 이파리 쪽으로 가서 팔랑거렸다
나무는 고요하여 보이지 않고 이파리만 가득한 날

나무의 본성을 따라

언덕에 사는 사람들은 자주 가파르다
날이 맑아져도 언덕은 유연하지 않다

모인 사람들은 모두 우람한 나무를 가진 이파리들이었다
모두들 바람 부는 날이라서 나무 끝까지 걸어 나왔다
우리는 함께 자아를 분열시키며 부는 바람에 몰두했다
평원 위를 기분 좋게 불며 가파르게 평등했다
함께 불었지만 각자의 모습이 분명했고
열 그루 나무가 열 가지 향기를 뿜었다
꽃보다 잎이 더 나무의 극한이라고 나무에게서 독립된 듯
바람의 분자들이 모여왔으므로
나무의 본성을 떠날 수 있을 듯이

언덕과 수직으로 서서 사는 사람들과 가파름은 같은 에너지로
그 아이가 언덕으로 왔고
그 아이도 언덕으로 왔다
나무도 왔고
절체절명의 아름다운 일가

언덕의 성질은 옆으로 가지를 뻗지 않듯
우리는 아래로 내려가 뿌리에 모이거나
허공에 올라 다 함께 위태로워지는 것이었다

우리가 가파른 물질이므로
언덕과 동일하게

분열

화단에 심겨진 화초에 꽃이 피면 집에 꽃이 핀 것이라는데
나는 욕심이 많은 집일까요
화초가 무리 지어 피어도 아직 꽃이 없다고 느낍니다

화단과 화초는 동일체라고 하지만 화단은 개인입니다
나는 개인의 꽃을 그리워합니다
이 그리움이 화초에겐 반란이 될 수 있을까요

집을 떠나 외출하면 불안한 심리는 화단의 심리입니다

화단이 꽃을 동일체라고 여기지 못한다면
한 그루 꽃나무의 뿌리를 자르고
잎을 떨어뜨리고
꽃을 꺾고 사지를 분해하는 것과 같을까요

화단을 믿고 꽃들이 피어나고 있습니다
땅이 허공이 되는 날입니다
바람도 낮게 불고 꽃도 평화롭게 흔들리니

오늘은 꽃밭이 외출을 해도 될까요

꽃밭은 왜 피는 꽃을 보고 자신의 외출이라고 생각하지 못할까요

순종적이지 못할까요

내가 꽃밭으로 산다면 '나' 자신으로 사는 것일까요

장미의 기원

언덕 위에 집을 짓고 살았다 아버지는 사철 바람 타는 집이라고 말했다 아버지의 집이었고 할아버지의 집이었다 그 윗대도 그 집에서 살았다고 한다 장미꽃이 빨갛게 피면 바람이 고요해지고 집에 없던 연못이 생겼다고 한다

집에 뿌리가 있다는 말 처음 들었다 뿌리 있는 집은 시내처럼 흐르는 감옥이다 아버지는 나를 자신의 새싹이라고 말했지만 나는 아버지의 그늘이다 꽃은 첫 꽃의 그늘을 숨기고 있다

아버지가 떠난 후 나는 평지에다 집을 지었다 그늘만이 끈질기게 살아남는 집을 부수면서

평지 위로 이사를 와서도 장미는 해마다 붉게 핀다 아버지를 기리기 위해 제를 올리지만 정원에 핀 장미는 제를 올리는 것보다 더 선명하다 해마다 더 붉은 빛으로 고여서 핀다

'벗어날 수 없는 상대적인 아버지, 내가 가진 글이 태초에 심어놓은 꽃의 그늘이라면 그 꽃씨 좀 볼 수 있을까요."

장미의 붉은색은 겨우 1년간 흐르다 덜미를 잡힌다 우주가 그리 좁아서야, 왜 아버지는 떠나서도 여기에 머무는 것일까 아버지의 발걸음이 멈춰지지 않아서 나는 살아서 흐르다 고인다

장미꽃 언덕과 연못이 반복되는 생

"세계는 좁지만 이 세계에 장미꽃으로 모습을 얻은 게 어디냐 우리가 유일한 장미꽃이다 묵어둔 듯 안심하며 피지 않느냐 아가 어서어서 꽃으로 가거라 네가 꽃에 도착하면 깊은 수렁이 있는 어여쁜 장미가 필 것이다."

해시계

화단에서 해시계가 자라고 있다
해시계는 내가 주는 물을 먹고 자란다
처음에는 꽃밭에서 자라는 식물로 구분되다가
꽃이 피면서 해시계로 발견되었다

내 발자국이 꽃망울에 소복이 모여왔다
어떤 곳으로 어떤 날로 가기 위해
한 송이씩 필 때마다 시간의 변화를 보았다
덜 핀 꽃으로 인해 오늘이 어떤 날로 가기 위한 중간통로였지만
발걸음의 방향이나 위치
생의 아침, 낮, 여름쯤을 짐작했다

꽃에는 측정할 수 없는 거리와
분간할 수 없는 어둠과
말로써는 닿을 수 없는 아픔이 모여왔다
오는 길이 멀었다는 말, 세계가 넓었다는 말은
꽃 한 송이 크기와 같았다

아직 다 모이지 않은 발자국이 있어
터트리지 않은 꽃망울이 몇 개 남았다

내일이 없다면 저 꽃망울이 내 최후의 얼굴일 테지

눈 코 입 피부 빛깔, 없던 내 얼굴의 부분이 나타나고 있다
꽃은 세상 한가운데이며
세상 밖으로 나가는 마지막 바깥과 가장 가까운 곳에서 피었다
여름 한낮이라고 부르기에는
지고 있는 해처럼 위태로웠고
바깥으로 나가기 직전이라고 말하기에는
나는 너무나 밝게 웃고 있었다

제4부

여름에 있지 않다

내가 지금 사람일까

혼신의 힘을 다해 보행한다 마지막 한 이파리처럼 가을을 지나간다

세상에 내려놓은 뿌리가 다 뽑힐 때까지 노을의 시간이다 거울을 닮은 노을이 생의 한때를 오래 비추고 있다

석양이 새를 가두는 듯하고, 꽃을 가두는 듯하고, 흐르는 것을 가두는 듯한, 여기, 둥근 곳

몸을 떠나는 영혼처럼 나는 붉은 석양이 어서 어두워지길 바란다 새의 날개가 몸의 뿌리 사이에 끼여 몸부림치듯

내가 새라고 해도 날지 못하는 새거나 식물이라고 해도 뿌리 쪽일 것이다 몸이, 석양이 붉듯 생에 매달려 있다

한 송이 꽃이 지는 세밀한 순간, 한 마리 새가 죽는 세밀한 순간, 한 사람이 몸을 떠나는 세밀한 순간

내가 지금 사람일까 사람이기만 할까 누가 장미, 하고 부르면 뒤를 돌아볼 것 같다

깊고 넓은 잠이 깨어나고 있다 물질인 내가 버려지는 여기

공기 속에 환원되었던 날이 노을 앞에 모이고 있다 공기로 변한 날들을 나비를 잡듯 손을 공기 속에 넣는다

나의 얼굴이 모이고, 나의 향기가 모이고, 사는 모습이 모인 곳

공기 속에서 장미를 꺼내 만지니, 내 얼굴이 만져진다

베토벤의 침묵

사람들은 내가 적막 속에 살고 있다고 말하지만* 나와 집은 아직 노래되지 않은 소리로 가득 차 있다 집에 벨 소리 울면 집과 나는 돌을 맞은 호수처럼 깨어진다 벨 소리가 떠난 한참 후까지도 깨어진 악상을 들고 깨어진 나를 산다

혼자여야 만날 수 있는 '사람'
혼자 살아야 살 수 있는 '집'

사람이 많은 광장에서도 말을 나누지 않으면 나는 깨어지지 않는다 사람들이 말을 걸 때마다 나는 무언가를 잃는다 깨어진 나를 줍기 위해 회색빛 바다에 간다 침묵을 복원하기에 좋은 곳이다 바다와 사람들이 흑백이다 몇 개의 의자에 앉은 사람 중에는 나에게 말을 걸 사람은 없어 보인다 갈매기 울음도 바다를 흔들며 파도를 불러내는 바람도 혼자를 깨트리지 못한다 비가 온 후, 눈이 와서 폭넓은 기후를 왕래했지만 난 여전히 단단하다 바다에 모인 사람들이 모래 먼지처럼 사라지고 불어온다 파도 소리가 적막을 에워싼다

악상이 나타난다 음악가는 검은 우산을 들고서 나를 한참 바라보다가 나에게 막 도착한 시간인 듯 걸어온다

* 영화 〈카핑 베토벤〉 중.

아름다운 거울

바람 부는 날, 한 곡의 노래 같기도 하고
아침에 떴다가 지는 해 같기도 한
나르시스의 조각들이 넓고 깊은 강으로 흘러가고 있었다

당신 거울에 비치는 순간 나는 향기 가득한 라일락이었습니다

눈이 먼 나르시스가 물거울 앞에 섰다

당신과 거울과 거울에 비친 나는 같은 피가 흐르는 듯합니다

물거울에 자석의 힘이 있다는 걸 당신은 알까

거울이 아름다워야 물상이 아름다울까요
물상이 아름다워야 거울이 아름다울까요

거울은 가만히 있는 사물일까요

백조를 비춰준 거울은 상호적일까요
거울이 백조를 다치게 할 수도 있을까요

바람 불어 조각난 나르시스가 반복되어도
물거울은 나르시스의 근원처럼 아름다웠다

당신만이 보아내는 내 아름다움을 보고 싶어요

당신 거울 속 나를 바라본 건 실수입니다

물거울이 나르시스를 비출 때 물거울은 사라지고
나르시스만이 아름다울 때 그것이 당신의 운명 그것만이 당신

광대무변한 나날이 당신과 나 사이를 넓힙니다
거울로부터 분리된 아름다운 나는 아직 잘 있습니까

단 한 번이라도 물거울에 발을 들여놓으면 안 되는 한사람이며 먼 당신과 나

음악 내부

— 음악 내부에 있는 동안 내게 드리워진 그림자를 인정하기로 했다

어느 날부터 거울 속에 현재가 맺히지 않았다 그 아이가 어떤 경로를 통해 나의 그림자가 되었는지 알 수 없었다 현생의 일은 아닌 듯했다

해 아래 떨어지는 그림자만 보였던 눈은 미혹했다 그 아이는 제 근원을 내게서 찾았다 나는 그 아이가 피우는 꽃을 내 꽃이라고 인정할 수 없었다

어느 날부턴가 거울 속에서 그 아이를 보았다 다음 날에도 그다음 날에도 그 아이 얼굴만 보였다 나는 그림자에 삼켜진 사람이었다

유키 구라모토는 온전히 자신만 있고 그림자는 없다고 피아노를 치며 말했다

나는 그림자에 갇혀 얼굴을 잃었다고 말했다

영혼 21그램은 삶의 무게를 들어 올리는 날개라고 유키

구라모토는 피아노를 치며 말했다 창고 안에 억만장자의 노래를 쟁여둔 덕택에 현생은 그림자가 나타나지 않을 것이라고 유키 구라모토는 피아노를 치며 말했다 다만 세상의 모든 사물들에 진 빚이 많아 후생은 그림자만 가득한 사람으로 태어날지도 모르겠다고 유키 구라모토는 피아노를 치며 말했다

어느 날은 거울에 대리석으로 된 겨울이 맺혔다 어느 날은 눈사람이 맺혔다 어느 날은 해바라기 하는 창문이 맺혔다

유키 구라모토는 종일 피아노를 치며 말을 멈추지 않았다

나는 그의 음악을 들으며 온전히 아름다워져서 온전한 내 얼굴을 가질 수 있었다 어깨 위에 그림자가 있었지만 고유의 빛을 잃고 희미했다 그림자를 지고도 무게를 느낄 수 없었다 상실되어 가는 그림자의 힘이 또렷한 생화 한 송이에 집약되고 있었다

유키 구라모토는 밤이 되어도 피아노 빛에 반사되어 얼굴이 불멸인 듯했다

일기

나의 온기가 남아 있는 그림이다
이 그림은 뒷모습이며 내가 묻혀 있는 무덤이다
오늘이 있어 나는 현현되었다
오늘의 소멸로 나는 해방되었다
오늘은 꽃병이고
나는 꽃이었다
몸이 없는 오늘에 내가 몸을 부여했다
지금의 나는 꽃의 무량한 힘이다
책갈피에 끼워져 말라가는 꽃

여기는 어디일까
나는 어디에 있을까

이곳에는 해와 기후와 풍경을 이루는 사물과
내가 함께 살다 함께 묻힌 곳이다
이곳을 내가 기억하는 전생이라 해도 될까

이곳에는 그림자들의 법칙이 있다

오늘은 오늘을 부정했고
내 발걸음은 나를 부정했고
하늘에 떴던 해도 내리던 비도 존재를 감춘 곳이다

수많은 오늘, 수많은 꽃병들이 나를 시들게 하여
여기 이곳은 꽃이 시드는 계절
그림자들이 흘러와 갇히는 강
사라진 것들이 모여와 사는 곳

사라지는 꽃병이 있어 나는 구속되지 않았다
나를 기록하겠다는 의도는 아니다
그냥 사라진 내가 사는 곳이다

사유

봄이 오기 전까지 생각만 하고 있다 생각은 씨앗이므로 목이 앞으로도 길고 옆으로도 길어진다 씨앗은 먼 과거 억겁을 거쳐 왔으므로 뒤를 돌아보다가 목이 뒤로도 길어지고 있다 겨울이므로 생각밖에 할 수 없다 힘은 얼어 있고 문밖은 나갈 수가 없다 발생하지 않아도 나는 사람이며 존재한다 봄까지 가서 꽃을 피우지 않아도 존재한다 투명하게

겨울은 잠의 계절이고 끝나지 않는 꿈을 꾼다 꿈만 꾸면서도 살 수 있다 신은 바깥에 있지 않듯 봄도 바깥에 있지 않을 것이다

무엇을 하느냐 묻는 사람에게 나를 기다립니다 자주 이렇게 창밖을 내다보며 나를 기다립니다

내가 실존하고 있느냐에 대해 학생들이 공동 리포트를 썼다

'창밖을 내다보고 있어도 시간은 흐른다.'

'꽃의 모양새만큼 복잡한 감정을 건너야 한다.'

두 개의 의견이 나왔다

나는 창고에서 세상과 좀 더 가까운 창고로 햇볕이 잘 드는 위치로 끊임없이 옮기고 있다

허구 같은 몸을 아주 작게 하여 뿌리에 머물고 있다 시간의 바로미터 앞 밤을 지나고 있다 서성이는 발걸음 사이로 먼지 몇 알갱이 부유하겠지만 가시거리에는 아무것도 없다

눈사람 이야기

손오공은 오백 년간 바위 아래 결빙되어 있었다 오백 년간 손오공을 누르고 있던 바위는 손오공이었다 손오공이 손오공을 누르던 바위 아래서 나왔다

형태를 허무는 것이 두려웠을까 국경 앞에서 눈사람은 오래 서 있었다 날이 따뜻해지자 몸인지 눈물인지 흘러내렸다 우두커니 서 있던 사람이 흘러가는 물을 얻었다 바위를 떠나오면서 손오공이었던 기억이 긴 그림자로 따라왔다 손오공이 바위였던 때가 따라오고 눈사람이던 때가 따라오고 목련이던 때가 따라오고……

손오공은 손오공보다 멀리까지 가고 있었다

'나는 인어공주처럼 물거품이 되어 흐르는구나.'

물은 하늘을 담고 길 위에 피어 있는 사물들과 오고 있는 여름의 숨결까지 담으며 흐르고 있다 뭉쳐 있던 결정은 무엇으로 화해하여……

창백했던 얼굴은 혈색이 돌고 손도 녹아 자유롭고 발도 녹아 갈 곳이 많아졌다 눈사람은 시내로 흐르고 물길이 세차 바다에 이를 듯했다

그녀가 빨간 꽃이 핀 화분을 들고 나타났다 그녀가 눈사람이라는 걸 나는 알아보았다 빨간 꽃이 그녀라는 걸 나는 알아보았다

의식

늪지에서 발목을 자르고 나온 아이가 있다 발을 자르고 나니 엄마 등이 늪 속에서 딱딱한 땅처럼 솟아올랐다 가녀린 엄마의 등이 그토록 광활하고 견고할 줄 몰랐다 엄마는 아이를 업고 물가로 걸어 나가며 "발은 잘 자라는 뿌리라서 곧 혼자 걷게 될 거야."

아이는 한동안 발이 물렸다는 걸 몰랐다 시간이 가지 않았다 아니 시간은 가는데 아이가 그곳에 더 깊이 머물렀다 물이 맑아 말간 하늘이 떠 있었다 옆에 큰 나무 한 그루가 서 있었는데 수령을 알 수 없는 나무라고 했다 엄마가 나뭇잎과 꽃이 떨어져서 쌓였다고 했다 나무 그림자가 떨어져 쌓였고 하늘의 구름이 떨어져 갇혔고 하늘의 비가 떨어져 흐르지 못하고 고였다고 했다 늪은 뼈가 없었다 허공이 지은 지하라고 했다

아이는 눈을 뜨고 있는데 엄마가 자꾸 일어나라고 깨웠다 어느 날 엄마가 깨우는데 문득, '늪지는 짐승이다'는 말이 입 밖으로 흘러나왔다 그때 아이는 처음으로 발에 통증

이 느껴졌다 늪지에 물린 걸 알았다 발을 문 늪은 숨소리도 죽인 채 모습도 숨긴 채 아무런 행동도 없이 자유의지를 마비시켰다는 걸 알았다 '무서운 짐승이다.' 싶었다 주머니를 뒤졌는데 작은 칼이 들어 있었다 칼과 가느다란 의식 하나가 늪에 삼켜지지 않았다는 걸 알았다 쓸쓸하고 외로웠다 발을 끊어야 건너갈 수 있는 강 같은, 바다 같은 곳이 있었다

아이를 업은 엄마가 말했다 "발이 다시 자라면 새로 태어나는 것이다."

아이가 구름일 때 내려와 쌓이고 비로 눈으로 내려와 쌓이고 나무 그늘로 내려와 쌓이고 나무 이파리일 때 떨어져 쌓이고 나무의 꽃일 때 떨어져 쌓이고 쌓여 아이를 삼킨 커다란 입

끝 모를 입속에……

늪이 연꽃을 뱉어낸다면 꽃밭이라는 이름이 생긴다면 그 때는……

봄과 가을

꽃을 지나온 사람은 그늘진 의자에 측량도 할 수 없는 고요로 앉았다
번번이 내가 먼저 이야기를 했고 그는 이야기를 들었다
앉은 위치가 문제였다
나는 봄 입구에 앉았고 그는 가을 입구에 앉았다

나의 이야기를 듣는 사람은 꽃을 지나간 사람
누군가 귀를 열어주는 틈을 타 말을 하는 나는 꽃을 가는 사람
주춤거릴 여력이 없었다
계절을 건너 꽃에 닿고야 말 듯했다

오늘은 말이 없으시네요

나는 지난봄의 피로와 여름의 피로가 겹쳐 너무 낡아 버렸어요
봄이나 여름이 이끌어서 그리로 간 것처럼 나는 생장을 다했어요

저 길 위에 떨어진 나뭇잎이 나를 끌어당깁니다
저 힘에 당할 수가 없네요

나의 쏟아져 나오는 말은 꽃몽우리 터트리는 소리를 냈지만
그의 그늘에는 좀체 미치지 못했다

우리는 한없이 넓은 공간을 가운데 둔 사람들

나는 봄에서 가을까지 컸습니다
거대해졌습니다
더 자랄 공간이 없습니다
여기는 은행잎이 철새처럼 떠나갑니다
나도 일행처럼 따라가야 하는데

그는 보일락 말락 웃거나 들릴락 말락 다른 계절에서 말한다

왜 이렇게 조용히 말해요

오늘은 햇살이 없네요
오늘은 당신의 날이네요

나는 그에 의해 창조되는 듯
말을 할 때마다 나를 초월하여

앉은 위치가 계절을 구분한다면
나는 가을 입구에 앉고 싶었다

시인

내 머릿속에 수천 권의 책이 꽂힌 서가가 있다 현실은 책 표지 같은 바깥이 가득하다 머릿속의 해가 나를 비출 때가 있다 머릿속의 피아노가 노래를 들려줄 때가 있다

나는 보이지 않는 것을 가끔 본다 겨울 나뭇가지에서 나뭇잎이 보이고 꽃이 보일 때가 있다
창밖에 눈이 온다 새 눈이 아니라 기억 속의 눈이다 어머니와 밥을 먹는데 오래 전의 풍경에서 눈물이 먼 강을 흘러와 현재에서 흐른다

그와 나는 백 년 가까이 살았는데 내게서 사과 향이 난다며 백 년 동안 입을 맞추고 백 년 동안 깊게 포옹을 한다 현실은 어디에서 오는 걸까 나는 사과에서 왔을까 나는 몇 그루 사과나무로 이루어진 사람일까

여름은 여름을 떠난 후 서랍 속에서 꽃씨로 발견되었다
여름이 발견되어도 계절 잠을 자는 식물일 뿐

내가 사람을 떠나려는 것은 나의 사과를 직접 보려는 것이다 피아노는 사물 너머로 향하고, 옆에 서 있던 나무도 한참을 앞서 걸어간다 나무도 제 잎과 꽃을 직접 보는 게 소원이라고 한다 저를 대면하겠다는 행렬이 이어지고 있다 내어 딛는 발걸음에는 원칙이 있다 피아노의 역사와 나무의 역사와 사과의 역사를 전설이 아닌 현재로 만나, 하나를 이루는 것이다 나는 수년을 사과를 향해 왔지만 사과에 당도하지 못했다 한동안 일행은 무엇에 도착하지 못했다 중간의 피아노와, 중간의 나무와, 중간의 사람을 떠나고 있었다

피아노가 아름다운 노래를 만나는 일, 나무가 잎과 꽃을 만나는 일, 내가 사과를 만나는 일

얼마간의 시간이 흐른 후, 피아노는 저 너머의 노래를 수없이 만났고 나무는 꽃과 잎을 만났다 나는 사과밭을 지나왔지만 사과와 사람의 거리가 멀어 몇 번을 지나쳤다 지리적인 어떤 거리가 아니라 과수원 철조망이 어느 전생인 듯 종의 경계를 짓고 있었다

여름에 있지 않다

여기는 가을과 겨울 사이입니다
한 아이는 봄에 막 도착했다고 합니다
또 한 아이는 휩쓸리듯 봄 가운데까지 갔다고 합니다
우리는 자주 만나 밥을 나누고 각자의 계절을 이야기합니다

꽃이 지고 난 후에도 꽃은 있었습니다

한 아이는 봄을 바쁘게 사는 중이라고 합니다
또 한 아이는 봄을 익히는 중이라고 합니다
나는 벤치도 여러 군데 놓여 있고 산책길이 좋다고 말합니다

눈이 봄으로 초점이 맞춰져 있었습니다
망명, 국경을 넘어간다는 말은 봄이 다 자랐다는 말일까요

아픈 몸도 지구처럼 하나의 별이라는데
모든 꽃은, 모든 사람은 봄까지 가야 발견된다는데

투명한 벽 너머 멀고 먼 겨울에서 꽃이 온다는데

각자 해의 위치가 달랐을 뿐이므로
휴일이면 우리는 만날 수 있었습니다
나무와 나무 사이가 넓고 하늘이 높아서
나는 천천히 걷고 있다고 말했습니다
한 아이는 입구에서 조금씩 안으로 옮겨간다고 말했습니다
또 한 아이는 꽃이 절정이라고 말했습니다
나는 나무의 지지대는 좀 투명해졌느냐고 물었습니다
나무가 허공으로 높게 자란 것만큼
뿌리가 깊다고 두 아이가 동시에 대답했습니다

꽃은 꽃의 바깥을 건너오느라
사람은 사람의 바깥을 건너오느라
가슴에 심겨진 봄을 키우는 데 한 생이 걸린다는데

나는 내일도 편안한 산책을 하겠다고 말했습니다
봄소식 기쁘게 잘 들었다고 감사하다고 말했습니다

고유한 나의 봄들이라는 말도 잊지 않았습니다

박춘석의 시세계

공기와 장미, 그리고 시인

박대현

공기와 장미, 그리고 시인

— 내재성의 시에 대하여

박대현
(문학평론가)

1. 투명한 허공의 내재성

박춘석의 시는 주로 '나'의 정체성 혹은 주체의 문제를 치열하게 탐구한다. 두 번째 시집 『나는 광장으로 모였다』(현대시학, 2016)가 광장에서 구성되는 주체'들'과의 중단 없는 긴장관계를 매력적으로 보여주고 있다면, 세 번째 시집 『장미의 은하』는 주체를 둘러싼 광대한 우주의 유동하는 막막함으로 가득하다. 그 막막함은 밀도 있는 언어로 꽉 채워져서 그의 시를 숨죽이며 읽게 한다. 그의 시 속에 들어앉은 광대한 우주는 주로 허공으로 묘사되는데, 그 허공에서 무수한 존재들이 생성하고 소멸하며 그것을 바라보는 사유가 종요롭게 펼쳐진다. 이 시집의 표제작인 「장미의 은하 1」의 첫 행을 보도록 하자.

> 허공에서 땅으로 향해가는, 방향이 전도된 꽃씨가 있었다
> 중력이 작아서 내려앉았다 일어서는 먼지들
>
> —「장미의 은하 1」 부분

사실 이 한 줄 속에 이 시의 핵심적인 이미지가 모두 들어 있다. 허공과 꽃씨와 먼지. 생명의 생성과 소멸이 가득한 허공의 이미지가 아닐 수 없다. '장미의 은하'는 생명의 생성과 소멸이 영원히 반복되는 허공에 대한 의미심장한 비유다. "허공에서 땅으로 향해가는, 방향이 전도된 꽃씨"는 소멸과 생성을 동시에 걸머진 자연의 비의秘義를 열어 보인다. 자연自然은 '스스로 그러함'이다. 허공 속에서 이루어지는 생성과 소멸이 '스스로 그러한 것'이라면, 시인은 그것을 있는 그대로 마주할 수밖에 없다. 그리하여 시인은 그러한 자연의 비의를 망연히 바라보되, 자연의 비의에 스민 허무를 깊숙이 체득하고 있다. 그러나 그 허무라는 것이 단순치가 않다.

투명한 공기의 아이와 공기의 엄마가 있었다 두 사람의 행동은 공기 속을 빠져나가는 일이었다 공기는 소라고둥의 나선형으로 이루어져 있어서 바깥은 작고 안은 끝없는 소용돌이였다 때로는 공기의 무중력에 떠다녔고 공기의 압력에 자주 넘어졌다 햇살은 호명해야 할 이름이 많았으므로 여러 차례 그들의 이름을 빠트렸다 아이와 엄마는 여러 번 꽃을 향해 가던 길을 멈추고 공기로 되돌아와 변이과정을 되풀이했다 아이와 엄마는 수를 헤아릴 수 없이 많아졌다 공기의 입자가 면이 아니라 점이라는 사실에서 그랬다

— 「장미의 은하 1」 부분

"투명한 공기의 아이와 공기의 엄마"라니. 시인은 존재의 근원을 투명한 허공에 두고 있다. 소멸의 자리에는 투명한 공기가 자리 잡는다. 마찬가지로 투명한 공기 속에서 생명이 생성된다. 이 시에서 두 가지 현상은 따로 구분되지 않는다. 다만 위의 인용 부분은 허공 속에서 존재로 생성되는 지난한 과정을 보여주고 있으며, 그 과정 또한 일회성이 아니라 무한한 반복이라는 점을 형상화한다. "햇살은 호명해야 할 이름이 많았으므로 여러 차례 그들의 이름을 빠트렸"고, "아이와 엄마는 여러 번 꽃을 향해 가던 길을 멈추고 공기로 되돌아와 변이과정을 되풀이했다"는 것. 이 세계에는 아직 생성되지 못한 무수한 존재들이 "투명한 공기"로 떠돌고 있다. 생성의 무한한 실

패와 반복 속에서 꽃씨는 땅에 떨어져 꽃을 피우는 것이다. 따라서 '꽃'이란 무한의 종요로운 흔적이다. 이 세계는 생성과 소멸의 공간이고 한 존재가 이 세계 속에 현실화될 확률은 무한소에 가까우나("나는 소수점을 떠나 숫자 0에 도착했다", 「카프카의 나무」), 생성의 반복 자체가 무한대에 가까우므로 존재는 기어이 생성될 수 있는 것이다. 따라서 이 세계의 투명한 공기 속에는 "아이와 엄마"의 "수"가 "헤아릴 수 없이 많"다. 생각해보라. 태어나지 않았으나 존재하는 무수한 사람들을.

저 존재들의 기원 앞에서는 무력해질 수밖에 없다. 하여 시인은 계속 쓴다. "어디서부터 비롯된 걸음인지 알 길이 없었다 걸음은 딛고 나면 사라져서 다시 찾을 수가 없었다 공기 속에 발자국만 미립자로 떠돌았다." 투명한 공기 속의 미립자들이 모여서 뭉쳤다가 흩어지는 과정이 모든 존재의 본질이다. 모든 존재는 허공의 미립자들이 뭉쳤다가 흩어지는 과정 그 자체다. 그 과정은 무한히 반복된다. "공기로 되돌아온 아이와 공기의 몸으로 아이를 안아주던 엄마가 끝없이 되풀이되었다". 그러나 이것이 모든 존재의 허무로 귀착되지는 않는다. "엄마가 아이를 안을 때 서로 스며서 커다란 하나가 되어갔다"고 진술하고 있듯이, 시인은 투명한 공기 속에서의 사랑과 긍정을 소환한다. "수천억 개의 은하의 둘레를 돌아// 요양병원 창문에는 체념한 별들이 반짝이고 있었"고 "그 별 안으로 들어갈까도 생각했지만 해가 뜨면 한없는 희망이" 찬란하게 빛난다는 것이다. 그리고 그것은 "어떤 목적이 있었던 건 아니었다 그냥 그렇게 되는 것이었다". 시인은 투명한 공기로 가득한 허공 속에서 도래할 누군가를 기다린다. "수많은 미립자들이 점과 선을 이루며 띠를 형성하여 중력을 키워온 숲에서 한 사람, 두 사람…… 차례로 나타났다". 투명한 공기의 허공은 "둥근 구멍"으로서의 '허공'을 의미하기도 하지만, 숱한 존재들의 잠재성을 지니고 있는 내재성의 평면("깊은 평면")이기도 하다.

나는 저쪽, 계절 반대쪽에서 왔다 내가 살았던 지하창고는
측량할 수 없이 깊었고 헤아릴 수 없는 날을 계단을 올랐다 평
면은 계단 맨 위쪽, 햇살이 편편하게 내리는 곳에 있었다 나선
형 계단이었다 계단을 타고 오르다 어둠에 발소리를 묻으며
쉬기도 했다 빛이 없는 곳일수록 나의 모양은 단단했고 먼지
처럼 작은 입자도 흩어지지 않았다

지하와 계단이 숨겨진 이면처럼 고요히 따라왔다 같은 공
간을 빙글빙글 돌며 시간이 흐르는 듯했다 창문 가까이 왔을
때 체에서 빛이 뿜어져 나왔다 아침에 눈을 뜨면 그 빛을 따라
온전한 체를 가진 사람을 찾아 나섰다

계단을 한참 오르다 보니 창문이 보이고 바깥 빛이 몇 줄기
창을 뚫고 들어왔다 계단에 놓인 화분이 모양을 바꾸기 시작

했다

측량되지 않는 어두운 지하는 앞장서 걷고 나란히 걷고 뒤따라 걷고 다시 앞장서 걷고 체가 선명하면 동시에 그림자가 피었다 해가 떠서 내 얼굴 반쪽이 보일 때쯤 지하는 어머니처럼 반쪽 얼굴 위에 이불을 덮어주었다 이불에서 익숙한 냄새를 맡고 마비된 듯 잠이 들었다

계단이 넓어지고 밝아져서 평평하게 변해갈 즈음 바깥으로 나가는 문이 나타났다 '나'의 긴 행렬이 지구의 계절로 들어갔다 발아래 한 마리 새가 날개짓을 치며 날아올랐다

삶은 평면 위에서만 빛났다

계단을 타고 올라서서야 나는 식물과 동물과 사람이 되었다

마주 앉은 사람이 코를 킁킁거리며 지하를 여기까지 데려왔느냐고 물었다 나는 진지한 사람 얼굴을 벗고 약간의 유머가 섞인 얼굴로 아주 긴 지하 계단과 평지 위, 여러 사물을 통과해온 시간을 파도처럼 밀어내며 햇볕과 햇볕의 이면처럼 웃었다

—「내재적 평면」 전문

시인은 이 세계의 이면을 들여다본다. 아니, 세계의 이면을 들여다보는 것이 아니라, 바로 그 속에 자신의 존재를 정박시키고 있었음을 고백한다. "나는 저쪽, 계절 반대쪽에서 왔다 내가 살았던 지하창고는 측량할 수 없이 깊었고"라는 진술에서 알 수 있듯이, 시인은 이 세계의 빛이 들지 않는 "지하창고"의 어둠을 그의 시 속으로 끌어내고 있다. 내재성의 평면(plane of immanence)은 현실과 초월의 이분법을 부정하고 그 둘을 하나의 판(plane)에 내재한 것으로 보는 철학적 개념이다. 현실과 초월 세계가 단절되고 분리된 것이 아니라 하나의 판(plane)에서 무한한 운동의 양태를 드러내고 있는 것이 내재성의 평면이며, 그것이 스피노자가 말한 절대적으로 무한한 존재로서의 신의 모습이다. 신적 초월의 세계와 현실의 세계는 단절된 것이 아니라 하나의 판(plane)에 내재되어 있으므로, 우리는 항용 그것을 마주하게 되며 우리 내부로부터도 신의 흔적을 생생히 느낄 수 있는 것이다. 그럼에도 불구하고 우리에게 그것은 이 세계에 부재하는 것인 마냥 "계절의 반대쪽" 깊은 "어둠" 속에 묻혀 있는 것으로 보인다. 이 시집의 서문 격인 「내재적 평면」은 시인이 지향하는 세계를 함축한다. 밝은 빛 속에서 잘 들여다볼 수 없는 "측량되지 않는 어두운 지하"를 시적 언어로 견인함으로써 생성되는 세계가 아닐 수 없다.

2. 주체의 개별성과 무한한 반복

시인은 투명한 공기 속에서 생성되는 존재의 개별성에 대해 예민한 촉수를 지닌다. 하여 시인은 허공이라는 무한을 사유하면서도 개별자로서의 존재성에 깊숙이 착목한다. '장미의 은하'. 장미가 개별자라면, 은하는 개별자를 포괄하는 보편자의 전체성을 상징한다. 전체성의 한가운데서도 개별자는 고유한 실존적 가치를 지닌다. 드넓은 은하 한편에 핀 '장미'는 인간 개개인이 지니고 있는 자아와 의식의 개별성을 의미할 것이다. 은하라는 허공 속에서 뭉쳐졌다가 사라지는 개별자의 존재성은 결국 시인의 자의식으로 이어진다. "생각은 외진 곳에 거처를 마련하여 살았다 답답함과 아늑함이 함께 있는 곳 고독의 힘이 훌쩍 담을 넘고 또 넘도록 했다 고독은 생각의 유물론적인 자연이었다".(「생각」) '생각'은 당연히 시인 자신을 의미한다. "고독은 생각의 유물론적인 자연"이라는 진술은 시인의 정서가 무엇으로 가득 채워져 있는지를 보여준다. 고독으로 수렴되거나 고독에서 촉발되는 "생각"은 "고뇌의 에너지"에 해당하며, 그것은 "고요히 생각 옆에 앉아" 있다가 "지하와 평면이 숨겨진" 세계의 "이면"을 드러냄으로써 "세계를 키우고 싶"은 충동(drive)을 품고 있다.

더 나아가 시인은 세계를 대상화하는 습속에서 훌쩍 벗어나 스스로를 세계의 일부로 받아들이며 자유롭게 감각하고 호활하게 교감한다.

오늘은 바람이 많은 날, 우리는 이파리 쪽으로 가서 팔랑거렸다

나무는 고요하여 보이지 않고 이파리만 가득한 날

나무의 본성을 따라

언덕에 사는 사람들은 자주 가파르다

날이 맑아져도 언덕은 유연하지 않다

모인 사람들은 모두 우람한 나무를 가진 이파리들이었다

모두들 바람 부는 날이라서 나무 끝까지 걸어 나왔다

우리는 함께 자아를 분열시키며 부는 바람에 몰두했다

평원 위를 기분 좋게 불며 가파르게 평등했다

함께 불었지만 각자의 모습이 분명했고

열 그루 나무가 열 가지 향기를 뿜었다

꽃보다 잎이 더 나무의 극한이라고 나무에게서 독립된 듯

바람의 분자들이 모여왔으므로

나무의 본성을 떠날 수 있을 듯이

언덕과 수직으로 서서 사는 사람들과 가파름은 같은 에너

지로

그 아이가 언덕으로 왔고

그 아이도 언덕으로 왔다

나무도 왔고

절체절명의 아름다운 일가

언덕의 성질은 옆으로 가지를 뻗지 않듯

우리는 아래로 내려가 뿌리에 모이거나

허공에 올라 다 함께 위태로워지는 것이었다

우리가 가파른 물질이므로

언덕과 동일하게

—「언덕」 전문

이 시에서 주목되는 '언덕'의 지배적 속성은 '가파름'이다. 가파른 언덕에서는 언제든지 굴러 떨어질 수 있고, 따라서 "언덕에 사는 사람들은 자주 가파르다". 게다가 이 언덕은 바람이 많다. 가파르고 바람이 많은 언덕에 나무가, 무성한 이파리 속에 숨어 있다. 이파리는 바람 속에서 무수하게 "팔랑거"린다. 나무는 점점 자라지만, 나무의 본성 역시 '가파름'으로 진술된다. 언제든지 가파른 언덕 아래로 쓰러질 수 있는 것이 나무이므로, 그것을 의식하는 시인의 가파른 내면이 나무에 투사되어 있다. 가파른 언덕 위에 '가파름'의 본성을 지닌 나무 주위로 사람들이 모인다. 모인 사람들은 모두 "우람한 나무를 가진 이파리들" 같다. 나무의 이파리들처럼 사람들은 "부는 바람에 몰두하"면서, '가파름'의 "평등"을 만끽한다. 그들은 가파른 언덕과 나무와 더불어 "절체절명의 아름다운 일가"를 이룬다. 무엇보다 "우리가 가파른 물질이므로/ 언덕과 동일하게"라는 진술에 주목하도록 하자. 시인은 스스로를 언덕과 마찬가지로 물질로 인식한다. 시인은 세계 속의 물질로 구성된 존재이며, 따라서 물질로서의 언덕과도 같은 존재론적 차원을 갖는다. 언덕 위로 바람이 불고, 나무가 가파르게 자라고, 이파리들이 흔들리듯이, 시인의 내면 역시 가파르게 "팔랑"거린다. 그러나 이 또한 이 세계의 무한한 운동 가운데 한 양태에 지나지 않는 것이다. 시인은 바로 이 지점을 사유한다. 스스로의 가파름을 세계에 내재된 운동적 양태 하나로 파악하는 것. 그것은 우주("은하")의 차원에서 자신을 관조하는 행위와 다르지 않다. 자기 자신을 관조하고 의식하는 행위는 기본적으로 자기 반영이자 자기성찰인데, 그러한 의식의 궁극에는 '시인'으로서의 사유가 자리한다.

> 내 머릿속에 수천 권의 책이 꽂힌 서가가 있다 현실은 책 표지 같은 바깥이 가득하다 머릿속의 해가 나를 비출 때가 있다 머릿속의 피아노가 노래를 들려줄 때가 있다

나는 보이지 않는 것을 가끔 본다 겨울 나뭇가지에서 나뭇잎이 보이고 꽃이 보일 때가 있다

창밖에 눈이 온다 새 눈이 아니라 기억 속의 눈이다 어머니와 밥을 먹는데 오래 전의 풍경에서 눈물이 먼 강을 흘러와 현재에서 흐른다

그와 나는 백 년 가까이 살았는데 내게서 사과 향이 난다며 백 년 동안 입을 맞추고 백 년 동안 깊게 포옹을 한다 현실은 어디에서 오는 걸까 나는 사과에서 왔을까 나는 몇 그루 사과나무로 이루어진 사람일까

여름은 여름을 떠난 후 서랍 속에서 꽃씨로 발견되었다 여름이 발견되어도 계절 잠을 자는 식물일 뿐

내가 사람을 떠나려는 것은 나의 사과를 직접 보려는 것이다 피아노는 사물 너머로 향하고, 옆에 서 있던 나무도 한참을 앞서 걸어간다 나무도 제 잎과 꽃을 직접 보는 게 소원이라고 한다 저를 대면하겠다는 행렬이 이어지고 있다 내어 딛는 발걸음에는 원칙이 있다 피아노의 역사와 나무의 역사와 사과의 역사를 전설이 아닌 현재로 만나, 하나를 이루는 것이다 나는 수년을 사과를 향해 왔지만 사과에 당도하지 못했다 한동안

일행은 무엇에 도착하지 못했다 중간의 피아노와, 중간의 나무와, 중간의 사람을 떠나고 있었다

피아노가 아름다운 노래를 만나는 일, 나무가 잎과 꽃을 만나는 일, 내가 사과를 만나는 일

얼마간의 시간이 흐른 후, 피아노는 저 너머의 노래를 수없이 만났고 나무는 꽃과 잎을 만났다 나는 사과밭을 지나왔지만 사과와 사람의 거리가 멀어 몇 번을 지나쳤다 지리적인 어떤 거리가 아니라 과수원 철조망이 어느 전생인 듯 종의 경계를 짓고 있었다

―「시인」 전문

인용 시는 시인에 대한 존재론적 사유를 드러낸다. 시인은 "보이지 않는 것을" 보는 존재다. 시인의 머릿속에는 "수천 권의 책이 꽂힌 서가가 있"음에도 불구하고 "보이지 않는 것을" 보는 것은 순간에 지나지 않으며, 그조차 "가끔"만 허락된다. "머릿속의 해가 나를 비추"고 "머릿속의 피아노가 노래를 들려주"는 순간이란 "보이지 않는" 이 세계의 실재를 들여다보게 하는 순간일 것이다. 그러나 시인의 고백처럼 "현실은 책 표지 같은 바깥"으로 둘러싸여 있고, 여기서 현실의 바깥을 보는 일이란 세계의 실재를 보는 일과 다르지 않다. "수천 권의 책이

꽂힌 서가"는 어둠으로 가득하고, 책 표지의 안쪽은 그 어떤 빛으로부터도 봉인된 상태다. 그러나 시인이 "겨울 나뭇가지에서 나뭇잎이 보이고 꽃이 보일 때가 있다"고 했듯이, 시인은 세계의 실재가 이미 이 세계 속에 내재되어 있음을 알고 있다. "오래 전의 풍경에서 눈물이 먼 강을 흘러와 현재에서 흐"르듯이, '나'의 몸이 그 수를 알 수 없는 "사과나무"를 무수히 거쳐 이루어졌듯이, "여름"이 "여름을 떠난 후 서랍 속에서 꽃씨로 발견되"듯이, 세계의 실재는 모든 개별자들의 원인으로서 존재한다. 따라서 창밖에 내리는 눈은 "새 눈이 아니라 기억 속의 눈"이며, 이 기억은 우주의 무한한 반복을 내포하는 기억이다.

3. 주체와 세계의 일의성

우주의 무한한 반복은 생성과 소멸의 반복이다. 그것은 음악을 닮아 있다. 시인의 시에 음악이 자주 등장하는 이유이기도 하다. 「악마의 트릴」, 「피아노와 바위」, 「베토벤의 침묵」, 「음악 내부」 등에서 보듯, 시인은 음악을 통해 주체와 세계의 일의성을 사유한다.

> 몸과 정신을 따로 가를 수 없는 곳에서 삽니다 정신에게 육체가 있습니다 육체에게도 정신이 있습니다*

노래를 키우는 뚜껑이 닫힌 피아노처럼 노래를 가득 모아 놓은 악보 책처럼

몸이 있어야 소리의 스밈과 흩어짐이 반복됩니다 처음의 소리로 돌아오지 못할 듯 흩어지지만 처음의 소리로 돌아올 수 있는 곳이 피아노이며 악보이며 손가락의 기억입니다

새장의 모습을 한 피아노에서 노래가 흘러나오고 몸의 모습을 한 강에서 안개가 물 밖으로 나와 대기를 채웁니다

까마귀가 어떤 고뇌처럼 날아와 부딪치려 하지만 나는 까마귀보다 높이 날아서 까마귀를 넘어섭니다 저 아래서 피아노가 기다려 주는 정신이기 때문입니다

하늘의 구름을 대신해서 내가 울 때가 있습니다 내 정신을 키우던 피아노 위로 눈물이 떨어집니다 아주 먼 바깥을 담은 피아노의 우주, 온갖 화초들이 아열대 지방에서 상상을 초월할 만큼 자랍니다

운동은 풍부하고 커서 새가 날아와도 품어낼 수 있을 것 같은 허공입니다 팔의 길이는 우주를 몇 바퀴 감고 있어서 촉각

이 느리지만 혈액은 통합니다

소리의 파동에 흩어지며 무한으로 확장되었지만 나는 노래의 씨앗처럼 피아노 뚜껑이 닫히기 전에 돌아옵니다 이후 몸의 세계는 캄캄한 밤입니다

최근에 나를 본 적이 있습니까 웅장하게 피었으므로 나는 잘게 부서져 부유합니다 허공의 스모그 속에서 나를 찾지 마십시오 의외로 나는 거름에 가깝습니다 잘게 부서진 나를 불러 모으려면 피아노가 필요합니다 악보 책이 필요합니다 한 떼의 뭉쳐진 구름처럼 대해를 건너 산모롱이를 넘어 나는 피아노 앞에 모일 것입니다

대지 위에 내 발자국이 없습니다 발자국 없이 나는 선명합니다

—「유키 구라모토의 고백」 전문

시인이 니체로부터 인용하고 있는, "몸과 정신을 따로 가를 수 없"다는 진술은 몸과 정신, 더 나아가 주체와 세계의 일의성에 대한 사유로 통한다. 몸과 정신이 구분되지 않듯이, 주체와 세계 역시 구분되지 않는다. 몸과 정신이 일의적이듯이, 몸과 정신으로 구성된 무수한 개별자들 역시 영원불변의 세계와

구분되지 않는다. 다시 말해 개별자들과 분리(단절)된 이데아로서의 영원불변의 세계는 존재하지 않으며, 이 세계에 존재하는 것은 오직 개별자들의 양태들이다. 신과 같은 초월적이고 영원불변의 존재가 이 세계 너머에 존재하는 것이 아니라, 이 세계에 존재하는 개별자들의 다양한 양태들이 이 세계의 전체성을 이루며 그것이 바로 스피노자가 말한 '내재성의 세계'에 해당한다. 즉, 신은 초월적 원인이 아니라 모든 것의 내재적 원인이다.(스피노자, 『에티카』 제1부 정리18) 시인이 개별자의 몸을 강조하는 이유다. "몸이 있어야 소리의 스밈과 흩어짐이 반복"된다는 것. 그리고 몸은 세계와 수직적 관계가 아니라 수평적 관계를 이룬다. 시인은 비로소 "하늘의 구름을 대신해서 내가 울"거나 시인의 몸에 생명의 혈액이 통할 만큼 세계의 음악과 온몸으로 공명한다. 그리하여 그 공명은 "내 정신을 키우던 피아노"라는 구절이 암시하듯이 시인의 '정신'이 된다. 그러나 시인의 정신조차도 이 세계 내에서는 소멸의 과정을 거친다. "웅장하게 피었으므로 나는 잘게 부서져 부유"한다는 것. 시인은 이 세계 속에 존재하는 자신의 양태에 대하여 정확히 사유하고 있다. 생성과 소멸의 무수한 반복. 따라서 "대지 위에 내 발자국이 없습니다 발자국 없이 나는 선명합니다"라는 진술이 가능하게 된다.

시인은 스스로의 정신이 생성 · 소멸하여 초월적 천상의 무엇으로 수직 이동하지 않을 뿐만 아니라 이 세계 내에 잘게 부서져 부유할 것임을 알고 있다. 또한 그것을 수용하는 순간 자유를 획득하게 된다. 시인은 개별자의 경계를 넘어 무한을 사유함으로써 자유를 향해 나아가는 시적 사유를 농밀하게 지속해 나간다. "나무는 스스로 봄이며 스스로 경계를 허물고 스스로 꽃에 휩싸였다", "꽃의 물질성을 가진 나무, 무슨 수로 꽃을 거절할까"(「나무에서 꽃까지」)라고 했을 때, '나무'는 개별성의 경계를 허물고 그 자체로 봄이 되어 "꽃의 물질성"을 "거절"하지 못한다. "허공의 물질과 땅의 물질이 섞여 있"(「나무에서 꽃까지」)으므로, 나무는 나무의 개별성을 지니면서도 봄과 자연뿐만 아니라 우주의 무기물 전체에까지 그 원인을 두고 있다. "꽃의 물질성"이 암시하고 있듯이, 생명의 유기체조차도 비생명의 비유기체에 그 원인을 두고 있으며, 따라서 그 둘의 경계는 흐릿해지고 만다. 시인의 사유는 생명과 비생명, 그리고 유기물과 무기물의 경계를 지우는 데까지 나아가고자 한다. 그리하여 시인은 자신의 개별성을 활짝 열어놓는다.

> 내 안으로 들어온 꽃들의 운동입니다 나는 그저 창고나 꽃씨를 보관하는 봉투와 같은 사람입니다 1월의 꽃에서 12월의 꽃으로 끝나는 사람입니다 나의 꽃 하나하나가 다 나타날 때까지 나를 단정 지어서는 안 됩니다 오늘 핀 붉은 장미가 나의 내면이라면 내일 피울 흰 장미도 나의 내면입니다
>
> —「지킬 그리고 하이드」 부분

시인은 "나를 단정 지어서는 안" 된다고 말한다. 나는 "내 안으로 들어온 꽃들의 운동"이며, "창고나 꽃씨를 보관하는 봉투"와 같은 것이며, "1월의 꽃에서 12월의 꽃으로" 이어지는 변화의 과정 그 자체가 된다. 이는 정신분석학과 신경과학에서 말하는 '과정으로서의 나'가 아닌가. 베르그손은 인간의 뇌는 지각의 연장에 지나지 않은 것이라 말한 바 있다. 인간의 정신은 궁극적으로 외부 자극으로 인한 밀도 높은 뉴런 체계 형성의 결과다. 외부 세계의 자극은 인간의 뇌 속에 저장되고, 이에 대한 반응 또한 뇌 속에서 연장된다. 인간은 우주 전체 물질의 일부이며, 베르그손의 말을 빌린다면, 우주적 지속의 일부다. 다시 말해 인간이라는 개별자는 객관세계와 독립된 개체가 아니다. 개별자는 우주 내에 떠도는 "미립자"(「장미의 은하 1」)들의 운동으로 존재하며, 따라서 시인은 스스로를 "내 안으로 들어온 꽃들의 운동"이라 진술하고 있는 것이다. '나'는 고정된 실체가 아니며, 무엇이라 단정할 수 있는 것도 아니다. 다만 과정이자 운동으로 존재할 뿐이다. 그리하여 시인의 사유는 보다 심원하고 그윽한 곳으로 나아간다.

> 사람이 지나갔다 지나가는 동안 얼굴에 흉터가 두 군데 생기고 손가락이 잘렸다 침착한 얼굴로 의자에서 일어나 얇은 분홍색 커튼을 젖히고 나가는 것으로 끝이었다 이것이 나의 삶이다

같은 자리에 앉아서 가다 보면 갈 수 없는 곳이 많다는 걸 알 수 있다 여름도 가만히 앉아서 도착했다 과일이 열리고 과일이 익는 동안 그것을 가만히 보고 있는 동안 300일이 지나갔다 입술도 없이 여름 내부에서 앙상한 나무가 사라졌다 말한다 가만히 앉아서 감정도 없이 그토록 진실할 수 있었던 건 기적이다

속이 없어 투명한 내가 어떤 무엇이라는 근거가 있는가 생각해 보지 않았다 생각하지 않는 게 나의 성질性質이다

고양이 울음소리를 내며 돌을 던지는 것을 사랑이라는, 작은 돌이 사랑에 도착하는 강물이라는 생각도 하지 않았다

사물은 오고 또 사물은 왔다 사물은 가고 또 사물은 갔다 실은 나도 오고 나도 갔다

여름은 세계를 폭로했다 가을은 도마뱀 꼬리였다 겨울은 세계의 바깥과 세계의 밤이었다 나는 토막 난 말을 이어서 형상을 나타내며 말했지만 내게 남아 있는 말은 없다 늘 처음 하는 말이다

내가 초목인지 사람인지 계절인지 무엇이라고 칭할 수 있는 것인지

—「창문」 부분

첫 행의 이미지는 끔찍하다. 얼굴에 흉터가 생기고 손가락이 잘린다. 시인에 따르면 이것 또한 삶이다. 신체 이미지는 상상계적인 것이다. 손가락뿐만 아니라, 얼굴이 잘려나가더라도 이것 또한 과정이자 운동에 지나지 않는다.(불교 파시즘과 무관하므로, 타자의 폭력에 의한 살상은 염두에 두지 않는 것으로 하자) 따라서 인간의 상처 또한 개별자의 운동적 양태라는 사실을 깨닫게 되며, 바로 이때 인간 개별자를 넘어서 이 세계 전체의 운동성을 감지할 수 있게 된다. "여름도 가만히 앉아서 도착했다"는 무엇을 말하는가. 시인은 개별자로서의 자신을 포함하여 이 세계 자체의 운동성을 감지하고 있다. "과일이 열리고 과일이 익는 동안 그것을 가만히 보고 있는" '나'는 "같은 자리"에 머물고 있으나, 사실은 이 세계가 움직이고 있다는 사실을 시인은 예민하게 감지하고 있는 것이다. 시인의 눈에는 개별자를 둘러싼 이 세계의 '운동적' 실상에 대한 그윽한 정관靜觀이 가득하다. 시인의 눈에는, "사물"이 오고 가고, '나' 역시 오고 간다. 세계와 '주체' 사이에 자극·반응의 상호의존적 운동이 발생하고 그것이 세계와 주체의 경계를 허물고 내재성의 평면을 이룬다. 세계(객관)와 주체(주관)의 경계가 사라질

때 우리는 "초목인지 사람인지 계절인지 무엇이라고 칭할 수 있는 것인지" 알 수 없는 상태에 접어든다. 시인은 개별자로서의 고정점을 벗어나 보다 폭넓은 시공간으로의 주체적 확장을 도모하고 있는 것이다.

4. 시인과 자유의 성분

장미의 은하. 시인은 '장미'라는 개별자로부터 출발하여 '은하'가 상징하는 거대한 시공간의 전체성을 사유한다. '장미'에서 '은하'에 이르기까지 시인의 사유는 점점 진폭의 변위량이 커진다. 시인은 "혼신의 힘을 다해 보행한다 마지막 한 이파리처럼 가을을 지나간다"(「내가 지금 사람일까」)고 진술한 바 있다. "보행"은 "세상에 내려놓은 뿌리가 다 뽑힐 때까지" 이어지고, "보행"의 끝에 이르러 한 생이 저무는 "노을의 시간"이 다가온다. "석양이 새를 가두"고 "꽃을 가두"고 "흐르는 것"마저 "가두"는 "여기, 둥근 곳". 그곳은 장미가 피어 있는 실존의 시공간이다. 이곳에서 "내가 지금 사람일까"라는 근본적인 물음이 피어난다. 이 물음은 한없이 쓸쓸한 것이다. 사람이 생각하는 '사람'은, "화초가 무리 지어 피어도 아직 꽃이 없다고 느"끼듯(「분열」), 실체가 없는 것이기 때문이다. 그것은 "어떤 상태에도 머물러 있지 않"은 "존재"에 지나지 않는다.(「시간의 양극단」) 그리하여 "여기, 둥근 곳"에 감금되어 있음을 자각하는 시인은 '은하'라는 드넓은 공간을 사유하고 '새'로의 변신을 자주 꿈꾼다. "새는 허공보다 넓어서 허공 너머로 갔다 해는 봄보다 커서 모든 봄에 있었다".(「블록」) '새'는 시인에게 개별자를 넘어서는 사유의 진폭을 상징한다. 그렇다면 시인은 '자유'를 꿈꾸고 있는 것이 아닌가.

> 사는 이유가 무엇인가? 누군가 물었다
> 자유를 마음으로 보고 느끼는 것이라고 답했다
> 어떤 사람은 책갈피에 꽂힌 풀꽃 한 송이가
> 피어 있는 곳으로 가보는 게 자유라고 했다
>
> 발에 돌이 묶인 사람
> 등에 돌을 진 사람
> 손에 나무 이파리를 꺾어 들고 걷는 사람이
> 물결처럼 흐르고 있다
>
> 아픈 어머니와 아버지는 내 발에 돌 하나 묶어주고
> 등에 돌 하나 올려주며 자유의 성분이라고 말했다
> 나무 이파리는 돌의 은유라고 말했다
>
> 나는 짐이 되어 있고
> 아버지 어머니가 되어 있고

아버지 어머니가 올려준 돌을 지고 벤치에 앉아 울었다
조금 아는 사람이 옆에 말없이 앉아 주었다
새도 옆에 앉아 주었다

말이 닿을 수 없는 곳
마음만 닿는 곳
아무 말 없이 마음의 세계가 흐르고
무거운 짐과 자유는 나란히 순간씩 교차하며 앉았다

나는 새에 이르지 못했지만 순간 새를 느꼈다
무게를 감당할 만큼의 새는 날아가지 않고 남았다

— 「자유」 부분

위 시에서 '돌'과 '새'는 변증의 이미지를 형성한다. '돌'은 개별자가 느끼는 존재의 무게를 의미할 것이다. 인간 개체로서의 의식은 개별자로서의 자아에 집착할 수밖에 없다. 프로이트가 말한 자아보존본능은 인간을 옭아매는 '돌'의 감옥과도 같은 것이다. 하지만 '돌'의 감옥은 자유를 향한 충동의 근원적인 조건이다. 돌과 자유는 변증辨證을 이룬다. 이 변증은 어디를 향해 가는가? 시인의 시선은 '은하'를 향해 있으나 발에 묶인 돌과 등에 진 돌에 의해 삶의 무게에 짓눌린 상태다. 그러나 “돌을 지고 벤치에 앉아 울었”을 때 “조금 아는 사람이 옆에 말없이 앉아 주었”고 “새도 옆에 앉아 주었다”. 사람과 새가 나란히 앉아 있는 시인의 ‘벤치’는 정확히 시인이 거처하는 실존의 자리에 해당한다. 이 실존의 자리에 ‘사람’과 ‘새’가 시인의 자리에 나란히 앉아 준다. 시인이 끝내 도달한 돌과 자유의 변증법적 형상이 있다면 바로 이것이 아닐까. 시인은 돌의 무게를 사랑하면서도 자유를 지향한다. 시인은 개별자로서의 운명을 보듬는 동시에 보편자라는 자유의 형상을 지향한다. 개별자와 보편자 사이에서 형성되는 분열적이고 변증법적인 긴장이 시인의 시를 통해 온전히 형상화되고 있는 것이다. 그것은 개별자로서의 이 삶에 대한 사랑이면서, 이 삶 너머의 세계에 대한 동경이기도 하다. 이 모순된 분열은 바로 “무거운 짐”과 “자유”가 “교차”하는 순간에 일어난다. “말이 닿을 수 없는 곳/ 마음만 닿는 곳”을 향한 동경 속에서 이 삶의 무게에 대한 사랑을 느끼는 것. 그 순간에야 비로소 “나는 새에 이르지 못했지만” “새를 느끼”지 않겠는가. “무게를 감당할 만큼의 새”는 “날아가지 않고” 이 지상에 “남아” 있다. “자유의 성분”을 체화한 존재(시인)란 그런 것이다.

시인은 ‘내가 지금 사람일까’(「내가 지금 사람일까」)라고 물은 바 있다. 그에 대한 답은 「사람에 도착한 사람」에 제시된다. 노인이 되어 가는 과정을 그린 이 시는, 사람은 결국 사람일 수밖에 없음에 대한 전언이다. ‘사람에 도착한 사람’은 사람에 도착하기 이전의 '사람'과 비슷하면서도 전혀 다르다. '사람에 도착한 사람'은 "눈물이 먼 전생의 일인 듯"하면서도, "꽃이 시든 자리에 가슴이 생겨나기 시작"하고 "이승과 저승의 거리"를 눈 가득 담아내는 사람이다. 그 '사람'은 "온통 노인의 몸"이었다가 "새가 날아간 자리"가 되어버린 사람이다.(「사람에 도착한 사람」) 그 사람은 "먼 전생의 일인 듯" 투명한 공기 속으로 사라져 버렸다. 그러나 그 사람은 장미를 품은 은하처럼 이 세계 속에 '내재'되어 있다. 그는 공기 속의 장미와도 같다. 하여, 가슴 떨리게도, "공기 속에서 장미를 꺼내 만지니, 내 얼굴이 만져"지는 것이다.(「내가 지금 사람일까」) 시인이 비로소 도달하게 된, 슬프고도 아름다우며, 종요로운 세계다. ▨

| 박춘석 |

2002년 『시안』으로 등단했다.
시집으로 『나는 누구십니까?』 『나는 광장으로 모였다』가 있다.

이메일 : babypoet3@hanmail.net

초판 인쇄 · 2021년 11월 25일
초판 발행 · 2021년 12월 1일

지은이 · 박춘석
펴낸이 · 이선희
펴낸곳 · 한국문연

서울 서대문구 증가로 31길 39, 202호
출판등록 1988년 3월 3일 제3-188호
대표전화 302-2717 | 팩스 · 6442-6053
디지털 현대시 www.koreapoem.co.kr
이메일 koreapoem@hanmail.net

ISBN 978-89-6104-308-3 03810

값 10,000원

∗ 이 시집은 부산문화재단 2021년 우수예술지원금으로 발간되었습니다.